예수님의
위대한 질문

예수님의 위대한 질문

위대한

질문

한기채 지음

THE GREAT
QUESTION
OF JESUS

교회성장연구소

성경은 일방적으로만 말씀하지 않습니다. 대부분 쌍방향으로 소통하고 함께 대화합니다. 우리의 삶과 성경의 이야기는 어느 순간 서로 만나고, 그 만남을 통해 계시적인 사건이 일어납니다. 성경과 우리는 만나서 많은 대화를 나누고, 우리는 그 안에서 놀라운 은혜와 감동과 변화를 체험하게 됩니다.

성경은 질문하고 우리는 답변합니다. 때로는 우리가 질문하고 성경이 답변합니다. 사실 성경을 읽거나 하나님의 음성을 들을 때 질문의 형태를 취하는 경우가 많습니다. 하나님은 "내가 네게 묻는 것을 대답할지니라"욥 38:3라고 말씀하십니다. 그런데 성경에는 물음표나 느낌표 같은 문장 부호를 기록하지 않았기 때문에 모르고 그냥 지나칠 때가 많습니다. 예수님도 이처럼 질문 형식으로 인생의 궁극적인 교훈들을 많이 말씀해 주셨습니다.

이런 질문을 통해 자신을 비추어 보고 새로운 모습을 정립해 나가야 합니다. 더구나 현대는 대답보다 질문이 중시되는 시대입니다. 이런 질문에 대해서만 묵상하더라도 우리는 상상력을 발휘하여 더욱 창의적인 삶을 살 수 있을 것입니다.

성경에는 우리 삶을 송두리째 바꿀 만한 근원적인 질문들이 많이 있습니다.

그 가운데 우선적으로 중요한 질문을 구약에서 열두 개, 신약에서 열두 개를 뽑아『하나님의 위대한 질문』,『예수님의 위대한 질문』두 권으로 나누어 집필합니다.

성경에는 많은 질문이 있는데, 그 중에는 남들이 묻지 않길 바라며 평생 의도적으로 회피해온 것도 있고, 오랫동안 잊고 지내던 것을 번뜩 기억나게 해주는 중차대한 것도 있습니다.

성경의 질문은 하나님에 대해, 자신에 대해, 세상에 대해, 하나님 나라에 대해 새롭게 볼 수 있는 안목을 열어줍니다. 각각의 질문은 자기 정체성, 사명, 생명, 믿음, 능력, 구원 같은 본질적인 것들에 대해 묻고 있습니다. 살다보면 결국 누구나 예외 없이 이 질문 앞에 서게 됩니다. 이 질문에 어떻게 답변하느냐에 따라서 인생은 달라질 것입니다.

지금이 아니면 나중에 후회로 다가올 것입니다. 스스로 묻고 스스로 답하면서 산다면 지혜로운 인생 경영자가 될 수 있습니다. 각 장마다 하나의 질문을 제시하고, 질문하시는 하나님의 의도와 함께 나름의 모범답안을 다루도록 했습니다. 또한 뒤에 스터디 가이드를 삽입해 말씀과 은혜를 나누게 했습니다.

하나님께서 이 책을 읽는 독자들에게 계시의 정신을 주셔서, 더 많은 사람들이 이 질문들에 대한 대답을 각자의 삶으로 보일 수 있기를 바랍니다.

한기채 목사

신앙생활은 독백이 아니라 대화입니다.

하나님과 예수님과 성령님과 성도들이 나누는 대화입니다.

하나님은 말씀을 주시고 우리는 그 말씀을 묵상하고 기도하면서 대화를 나눕니다.

때로는 우리의 질문형식인 기도로, 때로는 하나님 말씀으로부터 대화를 엽니다.

대화를 시작하면 삼위 하나님과 우리의 관계는 '나와 그'의 3인칭 관계가 아니라 '나와 너'의 친밀한 2인칭 관계가 됩니다. 여기에 제시된 예수님의 질문에 답을 생각하는 순간 예수님과의 친밀한 관계는 시작됩니다. 사실은 우리의 터무니없는 질문이나 기도라도 하지 않는 것보다 하는 것이 낫습니다. 그것이 하나님의 개입을 부르기 때문입니다. 우리가 예상하지도 못했던 이야기들이 대화 과정에서 생겨납니다. 우리의 기도는 하나님의 응답으로 나타나고 하나님의 말씀은 우리의 삶으로 드러납니다.

우리의 모든 질문과 문제에 대한 답은 이미 성경에 나와 있습니다.

다만 질문하지 않았기 때문에 아직 모르는 것뿐입니다. 질문하기 시작하면 답은 정체를 드러냅니다. 질문이 계시의 관문인 셈입니다.

성경에는 느낌표, 쉼표, 마침표, 의문표 같은 문장부호가 없습니다. 그러므로 주의하며 적절한 기호를 상정하면서 읽어야 합니다.

때로는 경탄하면서 느낌표를 넣고, 때로는 멈추어 서서 잠시 생각해 보는 쉼표를 넣고, 때로는 단호하게 마침표를 찍고, 때로는 자문자답하는 의문표를 넣어 봅니다. 이렇게 성경은 읽는 자의 참여와 결단을 요구하고 있습니다. 성경은 우리의 몸을 입고 싶어 합니다. 말씀이 우리의 몸을 입을 때 비로소 살아 있는 말씀이 됩니다.

예수님은 진리를 가르쳐 주는 방법으로 질문을 많이 활용하셨습니다. 이 질문은 상대를 혼란에 빠뜨리거나, 무지를 폭로하여 망신을 주거나, 자신을 과시하려는 의도가 아닙니다. 예수님은 핵심을 찌르는 질문을 하셨습니다. 이전에 잊고 지내던 것들을 다시 한 번 생각케 하는 성찰적인 질문을 하셨습니다. 질문의 답을 따라 인생을 살아가도록 길을 열어 주셨습니다. 예수님은 질문을 던지심으로 제자들을 존중하고 그들에게 자율권과 선택할 능력을 인정하셨습니다. 이런 질문 방식의 대화법은 일방적 의사전달이 아니라 쌍방향 소통이라고 볼 수 있습니다. 이것은 21세기 방식입니다.

예수님은 우리가 행해야 할 길이며, 따라야 할 진리 자체이시며, 생명을 주시는 분이십니다.

신약성경에 나타난 위대한 질문들을 따라 길과 진리와 생명이신 예수님을 만나러 갑시다. 여기에 제시된 열두 질문 외에도 많은 질문이 있지만 열두 질문만이라도 정직하게 답변하다 보면 예수님이 예비하신 풍성한 생명에 도달하게 될 것입니다. 책에 영감을 주었던 많은 자료를 일일이 다 밝히지 못한 것 송구하게 생각합니다. 이 책을 집필하는 데 있어서 중앙교회 성도들의 배려와 동역자인 김재명 목사, 조문섭 목사,

이신영 전도사, 그리고 교회성장연구소 이장석 본부장과 노인영 팀장의 노고에 감사드립니다.

이 책이 출간될 수 있도록 격려해 주시고 기다려 주신 모든 분에게 감사드립니다. 모든 영광 주님께 돌립니다.

한기채 목사

The Great Question of Jesus

Part 1

길이 되시는 예수님

예수님의
위대한 질문

대답하여 이르시되 나도 한 말을 너희에게 물으리니 내게 말하라
— 누가복음 20:3

나의 정체성과 믿음이 흔들릴 때, 예수님이 묻습니다
"나를 누구라 하느냐?"

마태복음 16:13-20

예수님은 여러 이적을 행하시고 병든 자를 고치시며 산에서 위대한 말씀을 깨우쳐 주셨습니다. 그리고 빌립보 가이사랴에서의 고백 사건 이후 십자가와 부활의 사건에 진입하십니다. 이제 예수님 사역의 분수령이며, 아주 중요한 전환점이 시작됩니다. 예수님 사역의 방향을 바꾸게 한 빌립보에서의 경험은 무엇이었을까요?

:: 사람들이 나를 누구라 하느냐?

빌립보 가이사랴에 도착하자마자 예수님께서 대뜸 이런 질문을 하셨습니다. "사람들이 인자를 누구라 하느냐"마 16:13 그분에 대한 세간의 평가를 물으신 것입니다. 성경 어디에도 예수님의 외관에 대한 묘사가 없으므로 예수님의 생김새나 체격을 알 수는 없습니다.

그러나 예수님이 행하신 이적과 말씀, 몸소 보여 주신 여러 행적을 보면 그분이 어떤 분이신지 알 수 있습니다. 예수님은 온유하고 사랑이 많으시면서도 때로는 단호한 모습을 보이셨습니다. 열정적이고 감성이 풍부하셨으며 인간미가 넘치셨습니다. 겉으로 드러난 외양과 성격을 안다는 것만으로 그 사람을 다 안다 말할 수 없습니다. 한 사람을 진정으로 안다는 것은 그 사람의 본질을 안다는 뜻입니다.

예수님의 질문은 어떤 의미일까요? 이 질문 속에 숨은 예수님의 의도는 무엇일까요? 단순한 정보 수집이나 민심 파악을 위한 질문은 아니었습니다. '예수, 그는 과연 누구인가?' 이 질문은 사실 온 인류가 스스로에게 묻고 대답하며 나가야 할 중대한 물음입니다. 이 대답에 따라서 자신의 인생관과 가치관, 사명, 인생의 목적과 생활방식이 달라집니다. 답변은 예수님의 위치를 결정짓는다기보다는 대답하는 사람의 미래와 운명을 결정합니다. 그런 점에서 이 질문은 매우 중대한 질문이며, 결국 모든 인류는 이 질문 앞에 서게 될 것입니다.

한편, 이 질문에는 예수님의 사역이 종반을 치닫는 상황에서, 지금까지의 사역을 중간 평가해 보고자 하는 의미도 담겨 있습니다. 어떤 사람들은 예수님을 세례 요한이라고 생각했습니다. 요한처럼 예수님도 "천국이 가까웠으니 회개하라"는 메시지를 전했습니다. 공의와 회개의 엄중한 메시지를 전달하신 것에 초점을 두는 것도 세례 요한과 같은 입장입니다.

어떤 사람들은 예수님이 엘리야 같다고 생각했습니다. 구약에 나타난 엘리야는 기도의 사람이었고 그 기도에는 놀라운 능력이 있었습니다. 엘리야의 기도는 비를 오게 할 수도, 오지 않게 할 수도 있었습니다. 갈멜산에서는 바알과 아세라의 무리와 850 대 1로 싸울 때 불이 하늘에서 내리는 역사를 이루었습니다. 은사와 이적으로 보면 예수님도 엘리야 못지않으셨습니다. 오병이어의 이적, 각종 병을 고치신 일, 귀신을 쫓아내신 사건, 풍랑 위를 걸어오신 일 등은 예수님을 엘리야로 착각하게 하기에 충분했습니다. 사람들은 '승천한 엘리야가 강림한 것이 아닐까?' 하고 생각했습니다.

어떤 이는 예수님이 예레미야 같다고 생각했습니다. 예루살렘과 이스라엘 민족을 안타까워하시며 자주 우시는 모습 때문이었습니다. 예수님은 열정과 감성이 풍부하셨고 어려운 사람들의 처지를 동정하셨으며, 이 모습은 눈물로 하나님의 말씀을 전하고 예루살렘의 멸망을 놓고 기도하던 예레미야를 쏙 빼닮았습니다.

그런가 하면 어떤 이는 예수님을 성경에 나온 인물과 비교할 수는 없지만 하나님이 이 시대를 위해 보내주신 참 선지자는 확실하다고 믿었습니다. 제자들은 예수님에 대한 세간의 평가를 이렇게 네 가지 정도로 간추렸습니다.

이 답변들의 공통점은 예수님이 훌륭한 분이라는 것입니다. 메시아까지는 아니더라도 그 앞길을 준비하는 선지자 정도는 된다고 본 것입니다. 사람들은 예수님을 능력자, 도덕적인 교사, 종교가, 사회개혁자, 훌륭한 인격자, 사랑을 설파하고 어려운 사람들을 구제하고, 불의에 항거한 위인으로 보았습니다.

물론 당시 사람들이 이처럼 호평만 한 것은 아닙니다. 부정적인 평가는 제자들이 걸러냈습니다. 당시에 예수님을 죄인의 친구, 먹기를 탐하는 자, 선동꾼, 이단자, 정신병자, 귀신 들린 자, 성전 모독자라고 폄하하는 자들도 있었습니다. 이런 자들은 사람들을 선동하고 예수님을 당국에 모함하고 고발하여, 십자가에 매달아 죽이라고 아우성쳤습니다.

지금도 예수님을 위대하다고 생각하는 사람이 훨씬 많습니다. 이슬람교의 경전인 『코란』도 예수님을 예언자 중 한 명으로 봅니다. 힌두교도인 마하트마 간디Mahatma Gandhi는 예수님을 위대한 교사라고 말했습니다. 그는 특히 산상수훈이야말로 모든 인류가 받들고 따라야 할 고상한 도덕률이라고 주장했습니다. 그가 펼치는 비폭력 무저항 운동도 예수님에게서 배운 것이라고 자인할 정도였습니다. 간디는 "만약 그리스도인들만 아니었다면 나는 그리스도인이 되었을 것이다."라고 말하면서 예수님에 대해서만은 한없는 애정과 존경을 보였습니다.

불교의 달라이 라마도 예수님을 보살의 하나로 보았습니다. 베트남의 승려 틱낫한Thich Nhat Hanh은 예수님과 부처 두 분은 인류 역사에서 가장 아름다운 두 송이 꽃이라고 비유했습니다. 그는 매일 예불을 드리는 제단 위에 부처와 예수님의 십자가를 함께 모시고 있다고 합니다.

하버드대의 하비 콕스Harvey Cox 교수는 예수님을 윤리적인 가르침을 주는 랍비로 규정하고 『예수 하버드에 오다』라는 책으로 하버드 학생들에게 예수님의 높은 윤리적인 기준과 가르침을 전파하려 했습니다. 현대인들도 예수님을 남을 위해서 사신 분, 박애주의자, 해방자, 교육자, 도덕가, 그리고 슈퍼스타로 생각하면서 그분을 추앙합니다.

:: 너희는 나를 누구라 하느냐?

'칭찬은 고래도 춤추게 한다'고 하는데, 예수님은 제자들의 이야기를 듣고 좋아하셨을까요? 적어도 제자들은 자신들의 답변을 듣고 흐뭇해하실 예수님을 기대했을지도 모릅니다. 그러나 예수님의 마음에 드는 답변은 없었습니다.

그래서 단도직입적으로 제자들을 향해서 다시 물으셨습니다. "너희는 나를 누구라 하느냐"마 16:15 그동안 예수님과 함께 생활한 제자들이라면 좀 더 나은 답변, 예수님이 찾는 답변을 해줄 것이라고 기대하시면서 말입니다. 앞다투어 목청을 높이려 했던 제자들은 이 질문을 받은 순간 물을 끼얹은 듯 조용해 졌습니다. 사람들의 말을 대변하는 것이 객관식이었다면 이번에는 자기 생각을 말해야 하는 주관식입니다.

이 질문은 예수님이 우리 각자를 향해서 던지는 질문입니다. 누구도 대신 답해 줄 수 없습니다. 당신이 지금까지 개인적으로 알아온 예수님에 대해 대답해야 합니다. 교회에 다닌 횟수나 성경 통독 횟수, 직분은 중요하지 않습니다. 만일 당신이 주님과 인격적인 관계를 맺지 못했다면 판에 박힌 대답밖에 할 수 없을 것입니다. 남들이 말하는 것이나 외우고, 배운 교리를 반복해서는 안 됩니다. 그것은 당신의 대답이 아닙니다.

한참 정적이 흘렀을 것입니다. 이윽고 베드로가 입을 엽니다.

"주는 그리스도시요 살아 계신 하나님의 아들이시니이다"

마태복음 16:16

베드로는 예수님을 '주' '그리스도' '하나님의 아들'이라는 세 신분으로 고백했습니다. 각각의 고백에는 예수님과 자신의 관계가 담겨 있습니다.

"예수님은 주±님이십니다."라는 말은 예수님의 주권을 인정하는 것입니다. '당신은 나의 주님이시며 저는 당신의 종입니다. 나의 인생은 당신의 것입니다.'라는 의미가 들어 있습니다.

"예수님은 그리스도입니다."라는 말은 예수님의 궁극적인 사역에 대한 고백입니다. 그리스도, 즉 메시아의 사명은 하나님의 백성을 그들의 죄에서 구원하는 것입니다. '예수님, 당신은 저의 구주이시고 저는 당신의 은혜로 죄에서 구원을 받았습니다.'라는 의미가 깔려 있습니다.

"예수님은 살아 계신 하나님의 아들이십니다."라는 말에는 예수님의 신적 본성이 나타납니다. 이런 고백을 하는 베드로는 하나님의 사랑을 받는 자녀가 되는 것입니다. 물론 순전한 베드로의 고백이라고 보기에는 엄청난 내용이기 때문에 성령님이 개입된 고백임을 알 수 있습니다.

여기에 대해서 예수님이 무엇이라고 응답하셨을까요? 예수님께서 베드로의 답변에 만족하셨을까요? 감탄하셨습니다. "바요나 시몬아 네가 복이 있도다"마 16:17 이 문장을 원어로 살펴보면 감탄사 '마카리오이' Μακαριοι가 먼저 나옵니다. '아! 복되도다.' 세상에는 복이라고 간주되는 것들이 참으로 많이 있고 사람들은 자기 소견에 좋을 대로 '복'을 구합니다. 그러나 모든 복의 근원 되시는 예수님은 베드로의 이 고백에 '복되다.'고 말씀하셨습니다. 예수님을 제대로 아는 것이 참된 복입니다.

이것이 본질적인 복입니다. 하나님을 제대로 알고 살아가는 것이 참된 복입니다. 바울도 동의합니다. "내 주 그리스도 예수를 아는 지식이 가장 고상하기 때문이라 내가 그를 위하여 모든 것을 잃어버리고 배설물로 여김은 그리스도를 얻고"빌 3:8 이 말씀은 자신의 혈통, 학문, 배경 등 모든 것이 그리스도를 아는 것에 방해되고 걸림돌이 되었다면 차라리 그런 것을 배설물처럼 버려도 아까워하지 않겠다는 뜻입니다. 하나님을 아는 것이 진정한 복입니다. 이러한 복이 당신을 기다리고 있습니다.

:: 그리스도 살아 계신 하나님의 아들

예수님은 베드로의 답변에 대해 칭찬하시면서 그런 답변이 하늘로부터 주어진 것임을 말씀하셨습니다. "이를 네게 알게 한 이는 혈육이 아니요 하늘에 계신 내 아버지시니라"마 16:17 베드로 자신의 지식과 경험과 생각이 아닌, 오직 하늘에 계신 하나님이 알려 주셨기에 가능한 고백이었습니다. 하늘 아버지께서 성령으로 베드로의 마음을 감동시키셨고, 베드로가 그렇게 믿고 고백하게 하셨습니다. 베드로의 답변은 사람의 답변이 아니라 '하늘의 답변'인 셈입니다.

그런 점에서 베드로는 '10점 만점에 10점 이상'의 답변을 한 셈입니다. 베드로의 고백은 하나님께서 예수님을 어떻게 보시는지 알려 줍니다. 그렇다면 우리도 역시 그렇게 고백해야 합니다. 내가 예수님을 '주' '그리스도' '하나님의 아들'로 고백한다면 성령님이 내 안에서 고백하고 있는 것입니다.

"이 때로부터"마 16:21 예수님은 그분이 예루살렘에 올라가 고난을 받고 십자가에 달렸다가 부활하실 일들을 예고하셨습니다. 십자가와 부활을 이해하기 위해서는 이 고백을 기초로 할 수밖에 없습니다. 예수님을 단순히 위대한 인물로 여겨서는 십자가와 부활을 이해할 수 없기 때문입니다.

그래서 '이 때로부터' 예수님은 노골적으로 십자가와 부활을 이야기하십니다. 예수님에 대한 올바른 앎과 고백 없이는 예수님의 모든 사역이 비극적인 실패로 비칠 뿐입니다. 예수님께서 질문하신 의도가 바로 여기에 있었고 참 답변은 하늘로부터 '주어져야' 하는 것이었습니다.

베드로의 고백은 정답이었지만 성령님의 도우심으로 이뤄진 고백이었다는 것은 바로 다음 내용을 보면 알 수 있습니다. 예수님이 십자가와 부활을 말씀하시자, 제일 먼저 만류한 인물이 바로 베드로입니다. 예수님의 칭찬에 고무되었는지 어느새 교만해 져서 예수님을 붙들고 항변합니다.

"주여 그리 마옵소서 이 일이 결코 주께 미치지 아니하리이다"
마태복음 16:22

조금 전까지만 해도 성령님의 대변인이었던 그가 갑자기 사탄의 대변인으로 추락했습니다.

"사탄아 내 뒤로 물러 가라 너는 나를 넘어지게 하는 자로다 네가 하나님의 일을 생각하지 아니하고 도리어 사람의 일을 생각하는도 다" 마태복음 16:23

천당에서 지옥으로 떨어지는 것 같습니다. 십자가를 모르고서, 부활을 모르고서 어떻게 예수님을 제대로 알 수 있습니까? 지금 예수님은 베드로의 고백을 들으시고 그리스도가 무엇을 하는 분인지를 설명하는 중입니다. "주는 그리스도시요 살아 계신 하나님의 아들이시니이다"에는 십자가와 부활의 의미가 들어 있습니다. 성령님께서 베드로의 입을 빌려 잠시 진리를 말씀하시고 다시 베드로의 무지함을 폭로하셨습니다. 베드로는 장래에 이 진리를 뼈저리게 체험하고 깨닫게 될 것입니다. 그러기까지 상당한 혼란과 넘어짐이 있을 것입니다. 그러나 일단 신앙고백만큼은 확실하고 정확해야 합니다.

'예수님이 누구신가?'와 '예수님을 어떻게 하실 것인가?'는 일맥상통하는 질문입니다. 어떤 이들은 그분이 반란자라며 처형하라고 요구합니다. 어떤 이들은 그분을 이단자로 몰아 심판합니다. 어떤 이들은 그분을 마술사나 치유자로 믿고 기적을 보려고 몰려듭니다. 어떤 이들은 혁명가로 믿고 해방을 기대합니다. 어떤 이들은 경제적 메시아로 믿고 빵을 기대합니다. 어떤 이들은 성현으로 알고 가르침을 기대합니다. 어떤 이들은 성인으로 믿고 따릅니다.

그러나 예수님을 하나님의 아들로 믿는 이는 구원을 얻습니다. 영국의 옥스퍼드대학 교수였던 C. S. 루이스Clive Staples Lewis는 그의 저서 『순전한 기독교』에서 다음과 같이 말했습니다. "우리는 두 가지 중 하나를 선택해야 한다. 예수님의 말씀이 사실이고 그분은 하나님의 아들일 수 있다. 혹은 미친 사람이거나 그보다 더 악한 악마일 수 있다. 그러나 절대로 그분이 위대한 도덕적 스승이라는 동정적 태도를 보이지는 말라. 그분은 우리에게 그런 선택의 여지를 남겨 두시지 않았다."

루이스는 예수님을 단순히 도덕적 스승으로 말하는 것은 온당치 못하다고 말합니다. 왜냐하면 예수님은 그분이 하나님의 아들이라고 말씀하셨기 때문에 그 말씀대로 하나님의 아들이든지 아니면 정신병자나 종교 사기꾼이라는 것입니다. 파스칼은 세상에는 하나님과 무관한 사람, 하나님을 탐구하는 사람, 하나님을 믿는 사람 이렇게 세 부류의 사람이 있다고 주장했습니다. 우리는 하나님과 무관한 사람, 하나님을 탐구만 하는 사람이 되어서는 안 됩니다. 하나님을 믿는 사람, 예수님을 믿는 사람이 되어야 합니다.

:: 올바른 고백이 나의 위치를 결정한다

사실 예수님에 대한 우리의 고백이 예수님을 다르게 만드는 것은 아닙니다. 우리의 고백은 예수님의 지위에 아무런 영향을 미치지 못합니다. 다만 그런 고백을 하는 우리 자신에게 영향을 미칩니다. 제대로 된 신앙고백은 하나님 안에서 우리의 정체성을 확립시킵니다. 우리가 하나님 안에서 어떤 존재가 되어야 하는지를 분명하게 알려 줍니다. 예수님은 모든 것에 절대적 변환을 일으키시는 분이기 때문입니다.

예수님은 역사를 두 토막으로 나누셔서, 예수님이 오시기 전B.C.: Before Christ과 오신 후A.D.: Anno Domini로 구분하셨습니다. 개인의 생애나 가정의 삶, 국가의 운명에도 예수님이 오시기 전과 후가 판이합니다. 마태복음도 예수님의 정체가 드러난 16장을 기준으로 둘로 나뉩니다. 신앙고백 후에 베드로는 '시몬'에서 '베드로'반석라는 영예로운 이름으로 바뀝니다. 우리는 모두 '예수님이 누구냐'라는 질문 앞에 서게 될 것입니다. 그리고 이 질문에 어떻게 반응하는지에 따라서 우리의 운명이 영원히 결정됩니다.

예수님은 올바른 신앙고백을 드린 '바요나 시몬'에게 새로운 이름을 주셨습니다. "너는 베드로라"마 16:18 모든 사람은 그리스도 안에 있으면 새로운 피조물이 됩니다. 이전 것들은 다 지나갔습니다. 불안정하고 변덕스러우며 혈기 넘치는 요한의 아들 시몬이 교회의 든든한 반석인 예수님의 베드로가 되었습니다.

예수님은 오늘도 우리 각자에게 이런 질문을 던지십니다. "너는 나를 누구라 하느냐?" 이 질문은 우리에게 기회를 주시기 위한 것입니다. 당신을 새롭고 영광스럽게 규정하는 것은 예수님에 대한 당신의 답에 달려 있습니다. 예수님은 당신의 답변을 듣고 당신이 누구인지 말씀해 주실 것입니다.

"너는 베드로라 내가 이 반석 위에 내 교회를 세우리니 음부의 권세가 이기지 못하리라" 마태복음 16:18

"내가 천국 열쇠를 네게 주리니 네가 땅에서 무엇이든지 매면 하늘에서도 매일 것이요 네가 땅에서 무엇이든지 풀면 하늘에서도 풀리리라" 마태복음 16:19

교회의 반석초석은 베드로가 한 신앙고백입니다. 교회는 예수를 그리스도라 고백하는 공동체입니다. 이렇게 고백하는 우리가 바로 교회입니다. 진리는 상호성이 있습니다. 예수님에 대한 바른 인식은 우리에게 생명을 가져다줍니다. 천국 열쇠는 예수를 자신의 그리스도로 고백하는 자들에게 주어집니다. 그들에게는 지옥의 권세를 이기는 힘과 기도의 응답이 약속되어 있습니다.

우리 모두는 예수님의 질문에 개인적으로 직면해야 합니다. 당신은 과연 예수님에 대해서 무엇이라고 대답하겠습니까? 베드로의 고백을 앵무새처럼 되뇌겠습니까? 물론 그 고백은 맞는 말이며 진리입니다. 그러나 예수님과 개인적인 관계를 맺지 않고 하는 대답은, 설사 그것이 베드로의 입술에서 나온 말을 글자 그대로 반복한 것일지라도 연약할 수밖에 없습니다.

신앙고백은 자신의 체험에서 나와, 자신의 고유한 언어로 번역되어야 합니다. 예수님에 대한 고백은 이성적인 문제라기보다는 체험의 문제입니다. 예수님을 경험하고 나서 하는 신앙고백이야말로 힘이 있고 변치 않습니다. 마르다가 오빠인 나사로가 죽고 난 뒤에 찾아오신 예수님께 드렸던 "주는 그리스도시요 세상에 오시는 하나님의 아들이신 줄 내가 믿나이다"라는 고백과, 예수님을 십자가에 처형한 뒤에 드러난 놀라운 일들을 바탕으로 선포한 백부장의 "그는 진실로 하나님의 아들이었도다"라는 고백, 의심 많은 도마가 부활하신 예수님의 손에 난 못 자국과 옆구리의 흉터를 보고 외쳤던 "나의 하나님, 나의 주시여"라는 고백 모두 체험에서 우러난 신앙고백의 메아리입니다. 이러한 고백은 곧 바로 우리에게 영향을 미쳐 생명과 구원을, 새로운 신분을 가져다줍니다.

:: 온전한 신앙고백

한 성도의 간증을 통해 온전한 신앙고백이 무엇인지 살펴보겠습니다. 그 성도는 남편과 30년 전에 사별했습니다. 아이들만 줄줄이 남겨 놓고 떠난 남편 때문에 앞날에 대한 두려움과 걱정으로 막막했습니다. 남편을 떠나 보내고 100일이 지날 무렵 친구의 권유로 교회에 첫발을 들여 놓았다고 합니다. 세상에서 의지할 곳 없이 교회에 찾아온 날 하나님께서는 그 성도에게 놀라운 은혜와 위로를 부어 주셨습니다.

교회에 뿌리를 내리고 신앙생활을 시작한 그 성도의 삶은 많은 풍파와 환난 가운데 오늘까지 주님의 보호 장막 안에서 평안하였습니다. 그 성도는 이렇게 고백했습니다. "그날부터 주님은 나의 남편이었고 아이들의 아버지가 되어 주셨습니다. 하나님께서 은혜로 가득 채워 주셨기에 아이들과 나는 외롭지 않게 살았습니다." 30년이 흐른 지금 그 성도는 교회의 장로가 되어 이런 신앙고백을 하고 있습니다. 당신은 예수님을 어떻게 고백합니까?

얼마 전에 몸이 불편한 한 성도를 심방했습니다. 그 성도는 젊을 때

남편과 사별하고 외아들과 단둘이 살다가, 장성한 아들이 결혼하여 손주까지 안게 되었습니다. 네 식구가 오순도순 사는 평안 가운데 그 성도는 갑자기 심장판막증이라는 진단을 받았습니다. 어려운 형편 속에서 아들 내외가 수술비 천만 원을 준비했는데 그 성도는 수술을 거부하고 퇴원했다고 합니다. "얘들아, 지금 내 나이가 여든이다. 육신의 생명이 남았으면 얼마나 더 남았겠느냐. 수술하느니 차라리 그냥 하나님 나라에 가고 싶다. 너희 정성은 고맙게 받았으니, 그 돈으로 심장에 문제가 있는 아이들이나 수술시켜 주어라. 오래 살 아이를 수술해 주는 게 좋지 않겠니? 교회에 헌금해서 그렇게 쓰였으면 좋겠구나."

이 소식을 듣고 간 심방이었습니다. "수술을 포기하셨다면서요?" 이 말에 그 성도는 자신의 신앙을 고백했습니다. 남편과 사별한 후에 외아들을 키우면서 오직 하나님 한 분만을 의지하고 신뢰하면서 살았다고 말입니다.

"여호와는 나의 목자시니 내게 부족함이 없으리로다 그가 나를 푸른 풀밭에 누이시며 쉴 만한 물 가로 인도하시는도다" 시편 23:1-2

그 성도에게 하나님은 목자였고 자신은 오직 그분의 인도함을 기꺼이 받아들이는 양이었습니다. 아무리 음침한 사망의 골짜기로 간다고 할지라도 지켜 주신 든든한 목자 하나님! 그 성도의 고백은 바로 이것이었습니다. 사람들은 이 고백이 그 성도의 삶 자체라고 말했습니다. 만나는 사람마다 목자와 같이 좋으신 주님을 전했다고 합니다. 그 성도는 며칠 후 하나님께 돌아갔습니다. 지난 심방 예배가 임종 예배가 된 것입니다.

그 성도의 정신이 또렷할 때 들었던 신앙고백이 아직도 귓가에 생생합니다. "하나님은 나의 목자입니다. 어디를 가든 하나님이 함께하시기 때문에 이 세상에 살아도 좋지만, 저 하늘나라에 가는 것이 더 좋아요. 나의 구주이시며 나에게 영원한 생명을 주신 분이 계시니까요. 아들이 결혼해서 손주까지 보았으니 무슨 미련이 있겠습니까?" 그분의 헌금은 얼굴도 모르는 베트남 어린이 두 명의 생명을 살렸습니다.

:: 사랑의 하나님, 구원자 예수님

저는 개인적으로 하나님을 어머니와 같다고 고백합니다. 하나님은 자식을 위해서 헌신적으로 희생하십니다. 자기 먹을 것을 저에게 먹여 주시고 저의 죄를 인내하시고 용서하시는 분입니다. 죄 가운데 죽을 저를 위해서 예수님을 보내셔서 죄를 처리해 주시는 분입니다. 저를 불러 놀라운 꿈을 주시고 그것을 이룰 수 있는 능력을 부어 주시는 분이 바로 하나님입니다. 이분이 바로 저와 함께하시고 삶의 의미와 목적을 주시는 분입니다. 그렇게 하나님의 뜻을 따라 살다가 이 세상 떠날 때 "아멘, 할렐루야"라고 말하며 안길 수 있는 포근한 품을 지닌 분, 바로 그 어머니와 같은 분이 하나님이십니다. 이것이 저의 고백입니다.

'예수가 죽었다.'는 역사입니다. 그러나 '그 예수가 나를 위해 죽었다.'는 복음입니다. 예수님은 우리를 대속하기 위해 오셔서 십자가를 지신 그리스도요, 하나님의 아들입니다. 이것이 믿음의 본질이고, 천국 가는 믿음입니다.

당신은 지금까지 예수님을 어떻게 알고 있었습니까? 어떻게 고백했습니까? 그 고백은 진정 당신의 고백입니까? "너희는 나를 누구라 하느냐?" "너는 나를 누구라 하느냐?" 이 질문에 진솔하게 대답해 보십시오.

Chapter 01 말씀 나누기

❶ 사람들은 예수님을 누구라고 말했습니까?

이 대답들의 공통점은 무엇입니까? 마 16:14

❷ 베드로는 예수님을 누구라고 고백했습니까? 마 16:16

❸ 무엇이 교회의 기초입니까? 마 16:18

❹ 무엇이 천국에 들어가는 열쇠입니까? 마 16:19

Chapter 01 은혜 나누기

❶ 파스칼은 사람을 하나님과 무관한 사람, 하나님을 탐구하는 사람,
하나님을 믿는 사람으로 구분했는데, 당신은 어느 부류에 속한다
고 생각합니까?

❷ 예수님을 처음 만났던 때를 나누어 봅시다.

❸ 당신에게 예수님은 누구입니까?

—

환난 가운데 두려워할 때, 예수님이 묻습니다
"너희 믿음이 어디 있느냐?"

누가복음 8:22-25

성경은 종종 인생을 항해에 비유하여 설명합니다.

"배들을 바다에 띄우며 큰 물에서 일을 하는 자는 여호와께서 행하신 일들과 그의 기이한 일들을 깊은 바다에서 보나니 여호와께서 명령하신즉 광풍이 일어나 바다 물결을 일으키는도다 그들이 하늘로 솟구쳤다가 깊은 곳으로 내려가나니 그 위험 때문에 그들의 영혼이 녹는도다 그들이 이리저리 구르며 취한 자 같이 비틀거리니 그들의 모든 지각이 혼돈 속에 빠지는도다 이에 그들이 그들의 고통 때문에 여호와께 부르짖으매 그가 그들의 고통에서 그들을 인도하여 내시고 광풍을 고요하게 하사 물결도 잔잔하게 하시는도다 그들이 평온함으로 말미암아 기뻐하는 중에 여호와께서 그들이 바라는 항구로 인도

하시는도다 여호와의 인자하심과 인생에게 행하신 기적으로 말미암아 그를 찬송할지로다" 시편 107:23-31

　인생이라는 바다에서 폭풍은 불가피한 것처럼 보입니다. 어느 누구도 인생의 폭풍을 벗어날 수 없습니다. 바람이 불어 파도가 몰아치고, 바닷물은 퍼내는 속도보다 더 빠르게 배 안으로 들어옵니다. 배는 항로에서 벗어나 요동치고, 곧 죽을 것 같은 두려움이 밀려오기도 합니다. 예수님과 함께 있고, 올바른 방향으로 가고 있는데도 폭풍이 닥쳐올 수 있습니다. 인생의 폭풍은 질병이나 파산, 실직, 사고, 부모님의 별세 등 갑작스러운 상황을 말합니다.

　인생의 폭풍의 원인은 여러 가지입니다. 삼손과 요나처럼 불순종으로 자초해 폭풍을 만나기도 합니다. 그러나 하나님의 섭리 가운데 우리를 연단하기 위해 오는 폭풍도 있습니다. 욥과 요셉 같은 경우입니다. 바울같이 외부적인 환경 때문에 오는 폭풍도 있습니다. 그런가 하면 폭풍이 사탄의 시험인 경우도 있습니다.

　이처럼 폭풍은 모든 사람에게 엄습합니다. 그러니 폭풍이 나쁘다고만 생각할 필요는 없습니다. 그 폭풍으로 우리의 믿음을 검증하기도 하고 연단하기도 합니다. 폭풍은 무조건 피해야 하는 절대 악이 아닙니다.

∷ 풍랑을 맞은 제자들

　본문의 사건은 공관복음서 모두에 기록되어 있는 기사로, 제자들은 결코 잊을 수 없는 생생한 체험의 기사입니다. 사건은 예수님께서 갈릴리 바다를 건너 저편으로 가자고 하신 데서부터 시작됩니다. 예수님의 관심은 이편뿐만 아니라 이방인의 땅인 거라사 광인狂人이 있는 저편까지 미쳤습니다.

　예수님과 제자들이 같은 배를 타고 가는 모습은 우리 신앙인의 인생살이에 비유해 볼 수 있습니다. 제자들은 예수님의 제자가 된 기쁨, 설교하실 때 들은 귀한 말씀들, 목격했던 많은 이적을 화제 삼아 얼마간은 즐겁게 유람선을 타고 기쁨으로 항해하였을 것입니다. 예수님은 행선 하자마자 깊은 잠에 빠지셨을 것입니다. 다른 복음서는 그날 예수님께서 무리에게 천국 비유를 비롯한 많은 가르침을 전하셨다고 묘사하고 있습니다. 따라서 피곤하신 예수님께서 배가 출발하자마자 잠에 빠지신 것은 인성을 지닌 예수님으로서는 당연한 일일 것입니다.

　그렇지만 그 항해는 즐겁고 유쾌한 것이었습니다. 순풍에 돛단 것처럼 이런 항해만 계속된다면 얼마나 좋겠습니까? 아마 제자들은 어디든 갈 수 있다고 생각했을 것입니다.

　그런데 갈릴리 바다에 광풍이 일었습니다. 예수님이 타신 배가 광풍을 만난 것입니다. 이처럼 예수님을 모시고 사는 우리의 인생 항로도 언제든 광풍을 만날 수 있습니다. 인생의 거친 파도와 비바람이 절망과 공포 속으로 우리를 끌고 들어갑니다. 제자들 가운데 적어도 네 사람은 뱃사람이었는데, 그들의 모든 경험과 지식을 동원해 보아도 아무 소용 없이, 배는 가라앉을 위기에 처했습니다. 본문의 '광풍'은 헬라어로 '라일랍스' λαιλαψ 인데, 이는 악의 세력을 지칭합니다. 제자들이 만난 바람과 물결 그리고 풍랑은 단순한 자연 현상이 아닙니다. 당대 사람들이 믿던 것처럼 어떤 '악한 영'의 역사입니다.

제자들은 당혹스럽고 두렵기만 합니다. 죽음의 공포에 휩싸인 제자들은 결국 예수님을 찾았습니다. '아니, 예수님은 이런 때 어디에서 무엇하고 계시나? 같이 물이라도 퍼내시지 않고.' 하지만 예수님은 태연히 주무시고 계셨습니다. 제자들은 폭풍우와 사투를 벌이는 와중에 아랑곳하지 않고 주무시는 예수님의 모습이 원망스러웠을 것입니다. "주여 주여 우리가 죽겠나이다" 제자들은 예수님을 원망하고 심지어 나무라는 것처럼 보입니다.

:: 믿어야 할 오직 한 분, 예수님

동일한 상황, 즉 풍랑 앞에 선 예수님의 모습과 제자들의 모습이 극적인 대조를 이룹니다. 제자들은 풍랑에 직면하여 ❶ 공포와 걱정에 빠졌고 ❷ 분주했고 ❸ 자신들을 구원하기에 무능력했고 ❹ 죽음에 직면했습니다. 반면 예수님은 ❶ 차분하고 담대하셨고 ❷ 평안히 안식하셨고 ❸ 능력의 말씀을 지니셨고 ❹ 그들을 구원하셨습니다.

요약하자면 평안과 불안의 차이였습니다. 이런 태도는 성도들 사이에서도 나타납니다. 무슨 차이일까요? 믿음과 불신의 차이입니다. 우리는 모두 삶이라는 항해를 하면서 많은 풍랑을 만납니다. 믿음과 불신이 구원과 죽음을 가를 뿐입니다. 믿음은 신뢰와 평안을 가져오지만 불신은 두려움을 몰고 옵니다. 두려움은 부정적인 결과를 예견합니다. 두려움은 믿음이 없는 상태입니다. 두려움은 광풍과 눈에 보이는 현상만 봅니다.

반면 믿음이란 하나님의 사랑을, 하나님의 능력을 신뢰하는 것입니다. 하나님이 붙들고 계심을 믿는 것입니다. 풍랑에 휩쓸려 가는 신뢰는 믿음이 아닙니다. 믿음은 시선을 하나님께 고정하고, 풍랑의 위험에서 눈을 돌려 함께 하시는 예수님을 보는 것입니다. 우리의 믿음은 온도계 신앙이 아니라 온도조절계 신앙이 되어야 합니다. 환경에 따라 오르락내리락하는 온도계가 아니라 온도가 낮아지면 높여 주고, 너무 높으면 낮춰 주는 조절계가 되어야 합니다. 환경에 따라 일희일비하고 등락을 반복하는 영성을 지녀서는 안 됩니다.

잠에서 깬 예수님이 거친 풍랑과 물결을 꾸짖으셨습니다. 풍랑을 악의 세력으로 보시고 자연을 의인화해 표현하신 것입니다. 회당에서 악령을 쫓아낼 때나 거라사 광인의 악령을 제어할 때와 비슷합니다. 말씀 한마디로 풍랑을 잠잠하게 하십니다. 자연을 순종케 하시어 우주 만물을 만드신 창조주 하나님의 능력을 드러내십니다. 이것은 다음에 나올 거라사 광인의 축귀 기사와 밀접한 관련이 있습니다.

예수님의 꾸짖음에 바람과 물결이 잔잔해 졌습니다. 조금 전까지 세상을 뒤흔들 기세로 그들을 덮친 광풍이 오간 데 없이 사라지고 호수의 물결은 순한 양처럼, 맑은 거울처럼 고요해 졌습니다. 바람이 그친 뒤에도 물결과 파도는 한동안 계속되는 법인데, 예수님의 말씀 한마디에 물결조차도 파동 에너지를 상쇄당한 듯 고요해 졌습니다. 예수님께서 어안이 벙벙하여 아무 말도 못 하고 있는 제자들을 향해서 물으십니다. "너희 믿음이 어디 있느냐?" 예수님의 이 질문 속에는 어떤 영적인 의미가 담겨 있을까요?

❶ 우리는 믿음으로 삽니다

톨스토이Lev Nikolayevich Tolstoy는 『사람은 무엇으로 사는가』라는 단편을 썼습니다. 그는 거기서 사랑이야말로 사람이 살아가는 목적임을 보여 줍니다. 사랑은 소중합니다. 그러나 먼저 그 사랑을 가능하게 하는 믿음이 전제되어야 합니다. 사람은 믿음으로 살아갑니다. "오직 의인은 믿음으로 말미암아 살리라" 이것이 신구약 성경이 우리에게 제시하는 삶의 근본적 원리입니다.

믿음이 우리를 구원합니다. 우리는 이 세상을 살면서 보이는 대로 살 것이 아니라 믿음대로 살아야 합니다. 믿음이 있을 때 온갖 어려움을 극복할 수 있습니다. 눈에 보이는 풍랑이 아닌 예수님을 믿어야 합니다. 감정이 믿음을 지배해서는 안 됩니다. 믿음이 감정을 조절해야 합니다. 믿음이 두려움보다 더 크고, 확신이 의심보다 클 때 평안함이 옵니다.

성령의 사람, 요한 웨슬리John Wesley는 큰 포부를 품고 미국 조지아로 선교 사역을 떠났습니다. 그러나 실패하고 실의에 빠져 영국으로 귀국할 때였습니다. 대서양 한가운데서 큰 풍랑을 만나 난생처음으로 죽음의 공포를 느꼈습니다. 그런데 같이 승선했던 모라비안 교도들, 자신이 무식하다고 무시했던 그들은 그런 상황에서 뱃전 구석에 모여 평안중에 찬양하고 있었습니다. 웨슬리는 그들에게 "어떻게 당신들은 폭풍속에서도 평안을 유지할 수 있습니까?"라고 물었습니다. 모라비안 교도는 웨슬리에게 "하나님에 대한 의심 없는 믿음 때문입니다. 당신은 예수님을 아십니까?"라고 되물었습니다. 예수님을 모르는 것 같으니 전도하겠다는 의도였을 것입니다. 명색이 명문 옥스퍼드대학 출신 선교사인 그는 충격에 빠졌습니다.

웨슬리는 주님에 대한 신뢰와 하나님의 관심과 돌보심에 대한 믿음, 사명에 대한 확신이 자신에게 결핍되어 있다는 것을 그때 깨달았습니다. 이후 영국으로 돌아와 올더스게이트에서 성령 체험을 한 그는 흔들리지 않는 믿음으로 담대히 사역했습니다. 나중에는 웨슬리안 성결 부흥운동을 일으켜 잠들었던 세상을 흔들어 깨운 위대한 사역자가 되었습니다. 그는 담대한 믿음으로 외쳤습니다. "전 세계가 나의 교구다!"

배에 오르기 전에, 예수님은 갈릴리 호수 건너편으로 가자고 하셨습니다. 이 말씀은 반드시 그곳에 가야 한다는 뜻입니다. 주님의 계획은 절대 무너지지 않습니다. 좌절되지도 않습니다. 그곳에서 해야 할 사명이 있는데 어찌 사명을 다하기 전에 죽겠습니까? 사명이 남아 있는 한 우리도 절대 죽지 않습니다.

따라서 제자들은 두려워하지 말고 함께 타신 예수님을 깨웠어야 합니다. 그리고 겸손히 은혜와 능력을 구했어야 합니다. 그러면 극한의 두려움과 진땀 빼는 헛수고는 면했을 것입니다. 내 안에 계신 예수님이 잠들면 우리의 삶에 폭풍이 일고 파도가 칩니다. 예수님이 일어나시면 바람도 잠자고 파도는 가라앉습니다. 인생의 환난의 광풍이 닥치면 내 안에 계신 예수님을 깨워야 합니다.

❷ 믿음을 적용하라

예수님은 "너희 믿음이 어디 있느냐?" 하고 물으십니다. 이는 질문이라기보다 반문과 책망에 가깝습니다. 예수님을 따르며 보고 배운 것에 비해 믿음의 크기가 너무 작았습니다. 사실 제자들이 믿음이 전혀 없었던 것은 아닙니다.

마태복음 8장 26절에서 예수님은 "이 믿음이 작은 자들아"라고 말씀하셨어도, "이 믿음이 없는 자들아"라고 말씀하시지는 않았습니다. 문제는 믿음을 제때 적용하지 않는 것입니다. 믿음은 고이 간직하는 것이 아니라 적용해야 합니다. 개념이나 지식이 아닌 삶의 한 부분이어야 합니다. 하지만 현재 제자들의 믿음은 실종된 상태입니다. 믿음이 없는 것이 문제가 아니라, 믿음이 있어야 할 자리에 있지 않은 것이 문제입니다. 그리고 믿음은 쓸수록 커집니다. 작은 일도 믿음으로 하다 보면 겨자씨만 한 믿음이 산을 옮길 수 있는 믿음으로 커집니다.

풍랑을 만났을 때 제일 먼저 해야 할 일은 믿음의 주인이신 예수님을 찾는 것이었습니다. 하지만 제자들은 인간적인 방법을 동원해 실패를 맛본 후에야 예수님을 찾았습니다. 우리는 인생의 광풍을 만났을 때, 마치 예수님이 우리 곁에 계시지 않는 것처럼 행동합니다. 믿음이 아니라 경험과 상식이 시키는 대로 합니다. 믿음이 나와야 할 자리에 두려움이 나옵니다. 그리고 스스로 결과를 예단합니다. 예수님은 마지막으로 찾아야 할 분이 아니라 제일 먼저 찾아야 할 분입니다. 기도는 최초의 수단이지 최후의 수단이 아닙니다.

수학 답안지를 맞출 때 항상 이런 아이들이 있습니다. "그거 아는 문제였는데! 거기에 그 공식이 쓰이는 줄 몰랐어요!" 공식을 암기하고 있어도 정작 필요한 문제에 적용하지 못하면 좋은 성적을 거둘 수 없습니다. 요즘 시험은 단순 암기력이 아니라 적용력을 확인하는 문제가 많이 출제됩니다. 공식은 알지만 그것이 어떤 문제에 적용되는지 알지 못하면 실제로는 모르는 것과 마찬가지입니다.

아무리 좋은 아이디어도 실행하지 않으면 유용한 기술이 되지 못합니다. 이제는 모든 분야에서 실행력이 중시되고 있습니다. 믿음도 실행력이 중요합니다. 가정생활과 직장생활, 사업, 결혼 문제, 자녀 교육, 건강 문제에 믿음을 적용해야 합니다. 교회생활에는 믿음의 원리를, 현실생활에는 세속적 원리를 따로 적용해서는 안 됩니다. 믿음의 원리는 교회 안팎 모두에 적용됩니다.

믿음의 원리는 어려운 일을 당한 때일수록 더 잘 적용해야 합니다. 신앙생활에도 유혹과 정욕, 욕심, 염려 등이 광풍처럼 밀어닥칠 때가 있습니다. 이때가 믿음의 빛을 발해야 할 때입니다. 믿음은 이때를 위하여 있습니다. 이스라엘이 위기에 처했을 때, 모르드개가 에스더에게 전갈을 보냈습니다. "네가 왕후의 자리를 얻은 것이 이때를 위함이 아닌지 누가 알겠느냐"에 4:14 하나님의 자녀라는 권세를 얻은 것이 이때를 위함이 아닌 줄 누가 알겠습니까? 햇빛이 날 때는 믿음으로 사는 것 같다가도 비가 오고 풍랑이 불면 믿음을 주머니에 처넣어 버리고 자기의 경험과 이성과 감정대로 사는 사람이 많습니다. 봄날의 신앙인이 아니라, 사계절 전천후 신앙인이 되어야 합니다. 그래야 진정 하나님의 사람이라 할 수 있습니다.

이지선 씨는 스물세 살에 한 음주 운전자의 차량 추돌 사고로 전신 55%의 화상을 입고 의사들마저 포기해 버린 중증 환자가 되었습니다. 새벽 여섯 시, 사고 소식을 듣고 달려온 목사님은 중환자실에 들어가 지선 씨와 기도한 후 밖으로 나와 가족을 만났지만 20분을 아무 말도 하지 못한 채 앉아 있었습니다. 사선을 넘는 고난을 겪은 목사님도 이

상황에 위로의 말이 나오지 않는 것 같았습니다.

　잠시 후 목사님이 하나님의 말씀을 전했습니다. "이때를 위한 믿음이라, 이 사건을 위한 믿음이라." 목사님은 그간의 신앙생활과 지금의 믿음은 이 어려운 때를 이겨 내기 위한 것이라고 말씀했습니다. 지선 씨의 가족은 이 말씀을 들었을 때는 상상하지도 못했던 어려움을 무수히 만났지만, 그럴 때마다 이 말씀을 붙들고 기도했습니다. 지선 씨의 어머니는 이렇게 말합니다. "하나님의 말씀은 우리에게 위로가 되었고, 힘이 되었으며, 우리를 선한 길로 인도하셨습니다."

　어려운 환경 속에서도 상황에 지배당하지 않고 그 상황을 믿음으로 변화시키고 정복해야 합니다. 주님이 제자들을 책망하신 것은 그들 안에 있는 믿음을 통해 상황을 극복할 기회를 저버렸기 때문입니다.

　❸ 인생의 항해 목적과 사명, 예수님을 바로 알아야 합니다.

　본문은 제자들의 여러 가지 무지를 드러내고 있습니다. 먼저, 제자들은 예수님의 말씀을 제대로 이해하지 못했습니다. 예수님은 행선지가 갈릴리 맞은편 거라사라고 하셨지 바닷속이라고 말씀하시지 않았습니다. 항해의 목적은 분명합니다. 호수 저편으로 가는 것입니다. 그곳에서 행할 사역이 있습니다. 호수 가운데서 절대로 죽을 수 없습니다. 아무리 거센 풍랑이 치더라도 말입니다.

　예수님께서 호수를 건너는 과정에 대해서는 말씀하시지 않았기 때문에 경로를 확실히 알 수는 없지만 결과는 변할 수 없습니다. 풍랑은 우리의 믿음을 실습하는 훈련일 수 있습니다. 그러나 사명이 있는 사람은 절대로 도중에 죽지 않습니다.

제자들은 예수님이 그들에게 주신 믿음의 약속도, 능력도 모르고 있습니다.

> "너는 두려워하지 말라 내가 너를 구속하였고 내가 너를 지명하여 불렀나니 너는 내 것이라 네가 물 가운데로 지날 때에 내가 너와 함께 할 것이라 강을 건널 때에 물이 너를 침몰하지 못할 것이며"
>
> 이사야 43:1-2

또한 그들은 예수님에 대해서도 제대로 이해하지 못했습니다. 자기들과 함께 계신 예수님이 물에 빠져 죽겠습니까, 아니면 예수님만 위기를 모면하겠습니까? 예수님은 그렇게 무능력하지 않습니다. 제자들은 예수님의 능력을 직접 목격하고서도 예수님을 몰랐습니다.

풍랑이 잠잠해진 후에 제자들은 감사와 기쁨을 느끼기는커녕 오히려 놀라고 두려워했습니다. 풍랑을 두려워했지만, 그 풍랑을 잠잠케 하신 예수님을 더욱 두려워했습니다. 제자들은 "그가 누구이기에 바람과 물을 명하매 순종하는가?" 하고 의아해했습니다. 아직도 예수님에 대해 제대로 알지 못하는 것입니다.

이런 경험을 통해서 제자들은 예수님의 신성을 더욱 확실히 느꼈을 것입니다. 나중에 빌립보 가이사랴에서 베드로가 제자들을 대표로 한 "주는 그리스도시요 살아 계신 하나님의 아들이시니이다"라는 고백은 바로 이런 극한의 경험을 통해서 더욱 분명한 확신으로 나온 신앙고백일 것입니다. 위기와 두려움 가운데 체험한 것은 절대 잊히지 않기 때문입니다.

이 사건은 예수님의 역설적인 두 속성, 인성人性과 신성神性을 모두 보여 줍니다. 예수님은 여러 날 설교하고 전도해서 극도로 피곤하십니다. 원어 성경을 보면, 배에 오르시자 깊은 잠에 '빠져든 것'을 알 수 있습니다. 수가성 여인을 만날 때 지치시고 목마른 상태였듯이 말입니다. 제자들이 광풍과 사투를 벌이는 동안에도 깨지 않을 정도로 깊은 수면 상태였습니다.

한편 예수님은 말씀 한마디면 광풍도 잠잠하게 만드실 수 있는 신성을 보여 주십니다. 우주 만물을 다스리시는 예수님의 창조적 신성으로 사람과 귀신에 대한 권위에 이어, 자연계 전체에 대한 권위를 극명하게 보여 주십니다. 예수님께서 굳이 호수 건너 거라사 지방으로 가자고 하고 배에서 잠드신 것, 그리고 풍랑을 만나게 하신 이유는 제자들의 믿음을 점검하시기 위함이었습니다. 자연계까지 미치는 주님의 절대 주권을 두려움 중에라도 체험케 하시어 제자들의 믿음을 반석 위에 올려 놓기 위함이었습니다.

:: 우리의 믿음은 어디에 있나?

"너희 믿음이 어디 있느냐?" 이 질문에는 책망이 담겨 있습니다. 지금까지 예수님을 따라다니면서 예수님의 말씀을 듣고 예수님의 이적을 목격한 제자들은 이미 상당한 믿음의 소유자여야 했으나 실상은 그렇지 못했습니다.

그러나 이 사건을 통해 제자들은 예수님의 신성을 더 분명하게 깨달았고 더 큰 믿음을 얻었을 것입니다. 생명을 침몰케 하는 태풍과 풍랑을 잠잠하게 하시는 예수님의 권능을 믿고 더욱 의지하게 되었을 것입니다.

풍랑이 당신을 넘어뜨리지 못한다면 당신은 더 큰 사람이 될 수 있습니다. 믿음의 자리에 불신이 나오지 못하도록 주의하십시오. 어떤 풍랑을 만나도 주 안에서 평안할 수 있습니다. 당신의 믿음은 어떠합니까? 당신의 믿음은 지금 어디에 있습니까?

예 수 님 의
위대한 질문

^{Chapter} **02** 말씀 나누기

❶ 예수님이 타신 배도 풍랑을 만날 수 있습니다. 이것은 무슨 의미입니까?

❷ 인생의 항해는 무엇으로 해야 합니까?

❸ "너희 믿음이 어디 있느냐"는 말씀은 무슨 뜻입니까?

❹ 어떤 일을 만나도 두려워할 필요가 없습니다. 그 이유는 무엇입니까? 눅 8:24

^{Chapter} **02** 은혜 나누기

❶ 당신 인생의 광풍은 무엇이었습니까?

  그리고 그 광풍 속에서 제일 먼저 찾은 해결책은 무엇이었습니까?

❷ 세상의 풍파 속에서 믿음을 적용한 경험이 있다면 나누어 봅시다.

❸ 우리의 믿음이 살아있는 믿음, 역사하는 믿음이 되도록 함께 기도합시다.

chapter 03

—

은혜를 망각하고 살아갈 때, 예수님이 묻습니다
"그 아홉은 어디 있느냐?"

누가복음 17:11-19

1860년 9월 8일, 미국의 미시간 호수에서 385명이 탑승한 유람선 한 척이 암초에 부딪혀 침몰하는 대형 사고가 발생했습니다. 배 안에 타고 있던 287명이 호수에 빠져 죽을 위기에 처했습니다. 그런데 당시 대학 수영 선수였던 에드워드 스펜서Edward Spencer가 온 힘을 다해 열일곱 명을 구출한 기적 같은 일이 일어났습니다. 연일 언론에서 자신의 목숨을 아끼지 않고 다른 사람들을 구한 그의 영웅적 행동을 대서특필했습니다.

그런데 그는 그 후유증으로 7년 후인 32세에 사망했습니다. 임종 전 토레이R. A. Torrey 박사가 그에게 물었습니다. "목숨을 구해 준 열일곱 명 중에 몇 명이나 당신에게 감사를 표시했습니까?" 스펜서는 가볍게 웃으며 대답했습니다. "한 사람이요. 어린 소녀 한 사람밖에 없었어요. 그 소녀는 지금까지도 크리스마스가 되면 어김없이 감사 카드와 선물을 보내오고

이 글은 본문과 너무 흡사합니다. "그 아홉은 어디 있느냐?" 성경에 나오는 가장 안타까운 질문 가운데 하나입니다. 이것은 오늘날 사라지고 있는 미덕 가운데 하나인 감사 결핍증을 보여 줍니다. 한 사람이 열일곱 명을 건진 것은 기적입니다. 주님이 열 명의 나병환자들을 말씀으로 고치신 것도 기적입니다. 하지만 더 큰 기적은 그렇게 큰 은혜를 받은 사람들 가운데 단 한 사람만 감사했다는 것입니다.

본문은 예수님께서 "예루살렘으로 가실 때"라고 시작하고 있습니다. 누가는 인생을, 길을 걷는 것으로 표현합니다. 사람들은 저마다 자기의 인생길을 걷습니다. 예수님은 예루살렘을 향한 길을 걸으셨습니다. 예루살렘으로 가는 길은 죽음의 길이요, 십자가를 지는 길이었습니다. 그것을 아시면서도 예수님은 굳건히 그 길을 가십니다. 그 길이야말로 인류의 죄를 대속하기 위한 길이요, 성부 하나님의 뜻이 서린 길이었기 때문입니다. 당신은 현재 어떤 길을 걷고 있습니까?

예수님께서 예루살렘으로 가던 중, 사마리아와 갈릴리 사이로 지나가시다가 한 마을에 들어가셨습니다. 잠시 쉬기 위해서였을 것입니다. 그런데 그곳에서 열 명의 나병환자들을 만났습니다.

미국의 작가 루 월리스Lew Wallace의 소설, 『벤허』에 나병환자에 대한 묘사가 나옵니다. "나병환자는 시체나 마찬가지였다. 송장처럼 성 밖으로 버려졌고, 사랑하는 사람들과 말할 때도 일정 거리를 두어야 했다. 나병환자들끼리만 살아야 했으며 모든 권리를 완전히 박탈당했고 성전 의식과 회당 모임에도 참석할 수 없었다. 해진 옷을 입고 '부정하다, 부정하다!' 라고 소리칠 때 외에는 입을 가리고 다녀야 했으며, 황량한 광야나 버려진 무덤에서 거처를 찾아야 했다. 힌놈의 골짜기와 게헨나의 살아 있는 유령 취급을 받아야 했고 자신의 고통스러운 처지를 한탄하며 살아야 했다. 죽기는 두려웠지만 죽음 외에는 소망이 없었다."

한국 현대사의 유일한 나병환자 시인인 한하운의 시 〈보리피리〉는 그들의 애환을 잘 보여 줍니다.

보리피리

한하운

보리 피리 불며
봄 언덕
고향 그리워
피 - 르닐니리

예수님의
위대한 질문

보리 피리 불며

꽃 청산

어린 때 그리워

피 - 르닐니리

보리 피리 불며

인환의 거리

인간사 그리워

피 - 르닐니리

보리 피리 불며

방랑의 기산하(幾山河)

눈물의 언덕을 지나

피 - 르닐니리

:: 간절한 소망과 믿음

열 명의 나병환자들에게는 공통점이 있습니다. 나병은 통증을 느끼지 못하는 병이어서 뼈가 부러지거나 불에 데어도 대처하기가 어렵습니다. 나병환자들을 치료하기 위해 봉사했던 폴 브랜드는 "우리 몸이 조금이라도 아픈 것을 느낄 수 있는 것에 감사하라."고 말합니다. 본문에 나오는 그 열 명은 사마리아와 갈릴리 양쪽 지역에 격리되어 중간지대 마을에 사는 나병환자였습니다. 민족은 달랐지만 같은 나병을 앓고 있었기 때문에 동병상련의 정을 느끼면서 살았을 것입니다.

당시 율법은 나병을 부정한 것으로 취급하여, 나병환자를 격리시키고 사람들이 있는 곳에 나타나지 못하게 했습니다. 만약 길을 지나더라도 다른 사람들이 불식 간에 접촉하는 것을 방지하기 위해 "부정하다." 고 소리를 지르도록 했습니다. 그들은 병든 것도 고통스러웠지만 사람들과 격리되어 사람 행세를 할 수 없다는 것이 더 슬펐을 것입니다. 마치 죄인처럼 낙인이 찍혀 죽을 때만 기다리는 불쌍한 사람들이었습니다. 당시 나병환자들은 종교적으로나 사회적으로 소외와 절망의 상태에 빠져 있었습니다.

이들에게 복음이 들렸습니다. 예수님이 각색 병을 고치신다는 것입니다. 더구나 그분이 그들의 마을을 지나가신다는 소식이 들렸습니다. 그들은 예수님을 만나기 위해 길가로 나가 크게 예수님을 불러 자신들의 처지를 불쌍히 여겨 달라고 부탁하였습니다. 그것은 간절한 기도였습니다. "우리를 불쌍히 여기소서"Kyrie Eleison. 이 기도는 짧지만 가장 강력한 기도입니다. 우리도 때로 이런 기도를 드릴 필요가 있습니다. "주여, 불쌍히 여겨 주소서."

예수님은 사역 초기에 갈릴리 지역에서 나병환자를 치유하신 적이 있습니다. 한 나병환자가 예수님께 나아와 "원하시면 저를 깨끗하게 하실 수 있나이다"막 1:40라고 말하자, 예수님은 그에게 손을 대시며 "내가 원하노니 깨끗함을 받으라"고 말씀하셨고 그는 바로 치유되었습니다.

그런데 이번 경우는 매우 다릅니다. 열 명의 나병환자들은 예수님께 가까이 오지 못하고 멀리서 외치기만 했습니다. 예수님께서도 치유의 말씀을 선포하시지 않았습니다. 대신 제사장들에게 가서 그들의 몸을 보이라고 하셨습니다. 율법에 따르면 나병환자가 치유된 경우에는 제사장에게 가서 확인을 받아야 사회로 복귀할 수 있었습니다.

그렇다고 이 나병환자들이 벌써 다 나은 것은 아니었습니다. 예수님은 단지 그들에게 믿음으로 가라고 말씀하셨습니다. 믿음으로 치료받은 것처럼 행동하라는 말씀입니다. 이 말씀은 굉장히 중요한 교훈을 담고 있습니다. 만일 여러분이 하나님께 죄를 고했는데 금방 죄가 사해지는 체험이 없다면 어떻게 하겠습니까? 그래도 용서받은 것으로 믿고 나아 가야 합니다. 근심과 걱정을 가지고 나와 기도했는데도 문제가 해결되지 않았다면, 그렇다 할지라도 주님께서 다 맡아 주실 것을 믿고 나아 가는 것입니다. 하나님은 의심하는 것을 싫어하십니다.

"오직 믿음으로 구하고 조금도 의심하지 말라 의심하는 자는 마치 바람에 밀려 요동하는 바다 물결 같으니 이런 사람은 무엇이든지 주께 얻기를 생각하지 말라 두 마음을 품어 모든 일에 정함이 없는 자로다" 야고보서 1:6-8

신실하신 예수님의 말씀은 믿고 순종하는 자에게 그대로 이루어집니다. 열 명의 나병환자들은 예수님의 말씀을 듣고 힘들지만 순종의 발걸음을 옮겼습니다. 그러자 천형으로 여겨지던 나병이 떠나갔습니다. "그들이 가다가 깨끗함을 받은 지라" 그들 중 누구도 "괜히 허탕을 치면 어떻게 하느냐?"라고 반문하지 않았습니다. 열 명 모두 치유를 받았다는 점에서 그들의 믿음이 헛되지 않았음을 알 수 있습니다. 이 사건은 예수님에게 치유의 권세가 있으며, 이 권능을 끌어올 수 있는 것은 믿음으로 순종하는 것임을 명백히 보여 줍니다.

열 명의 나병환자들은 예수님을 모든 문제의 해결자로 믿었고, 주님께 담대히 나가서 자신들의 문제를 부탁하는 기도를 드렸고, 말씀을 듣고 믿음으로 실행에 옮겼으며, 그 결과 모두 악몽과도 같던 나병에서 완전히 치유되었습니다. 그 기쁨과 감격이 얼마나 컸겠습니까? 매우 기뻐 "이것이 꿈이냐 생시냐?" 했을 것입니다. 서로의 몸을 꼬집어 보았을 것입니다. 꼬집어서 아파도 마냥 좋아했을 것입니다.

:: 갈라진 운명

여기까지는 열 명이 같은 길을 걷고 있습니다. 그러나 그들의 병이 나은 순간 두 갈래 길로 나뉘게 됩니다. 절대다수인 아홉 명은 가던 길을 계속해서 제사장에게 갔고, 한 사람은 예수님께 되돌아왔습니다. 아홉 명은 배은망덕의 길로 갔고, 이방인 한 사람만이 감사의 길을 갔습니다.

치유 받은 사마리아 나병환자의 행동에는 몇 가지 특징이 있습니다.

❶ 그는 즉시 감사했습니다

제사장을 만나러 가던 도중 그는 나병이 나았음을 깨닫자, 지체하지 않고 예수님이 계신 마을로 되돌아왔습니다. 심지어 제사장에게 가지도 않고 돌아온 것으로 보입니다. 이처럼 감사할 일에 대해서는 즉각적으로 표현해야 합니다. "주의 계명들을 지키기에 신속히 하고 지체하지 아니하였나이다"시 119:60라고 하는데, 말씀 순종뿐만 아니라 감사도 마찬가지여야 합니다.

아홉 나병환자들에게 왜 예수님께 감사 인사를 하지 않았는지 물어보면 나름의 이유가 있었을 것입니다. 병이 나은 축복에 감사하지 않아서가 아니라 급한 일이 생겨서인지도 모릅니다. 격리되었던 그들이 가족과 친구들을 먼저 보고 싶어서 달려가지 않았을까요? 아니면 먼저 제사장에게 확인하고 돌아오려고 하지 않았을까요? 예수님도 제사장에게 가서 보이라고 하지 않았습니까?

삶이 너무 바쁘고 급해서 우리가 받은 축복에 감사할 겨를이 없습니다. 진정한 감사는 삶의 속도를 조금 늦추는 여유에서 나옵니다. 감사하려면 감속해야 합니다. 다른 모든 것보다 먼저 하나님께 감사와 영광을 돌려야 합니다. 불평은 빠르고 감사는 느립니다. 아홉 나병환자들은 아마 감사를 나중으로 미루었는지도 모릅니다.

어려울 때 기도는 신속히 나오는데, 응답되고 나면 감사는 더디게 합니다. 우리의 신앙생활이 그렇습니다. 감사를 미루다가 결국은 잊어버립니다. 나중에라도 그들이 찾아왔다면 전지하신 예수님께서 이런 질문을 하실 이유가 없었을 것입니다. 나중에 하겠다는 것은 하지 않겠다는 뜻입니다.

❷ 그는 공개적으로 감사했습니다

그 사마리아 나병환자는 '큰 소리로' 하나님께 영광을 돌리며 주님께 돌아왔습니다. 고통이 큰 만큼 기쁨도 컸기 때문입니다. 소리 높여 기도하는 경우는 많아도, 큰 소리로 감사하는 경우는 드뭅니다. 필요에는 소리를 높이고, 감사에는 소리가 없습니다. 하지만 사마리아인은 소리 높여 기도했고, 후에 큰 소리로 하나님께 영광을 돌렸습니다. 기도하는 소리와 감사하는 소리가 같았습니다.

아홉 나병환자들은 자신이 나병환자였다는 사실 자체를 인정하고 싶지 않았는지도 모릅니다. 할 수 있으면 빨리 그 자리에서 벗어나고 싶었는지도 모릅니다. 혹은 예수를 통해 나음 받았음을 공공연히 고백하는 순간 예수님의 제자가 되어야 하는 건 아닌가 하고 부담스러웠는지도 모릅니다. 그래서 그들은 찾아오지도, 드러내지도 않았습니다. 받은 것을 받았다고 고백하는 것이 감사입니다.

❸ 그는 영적으로 감사했습니다

그 사마리아 나병환자는 예수님께 감사할 뿐만 아니라 '하나님께 영광'을 돌렸습니다. 예수님은 하나님의 대리자로서, 하나님을 대신해 은혜와 이적을 베푸는 분으로 보였기 때문입니다. 모든 감사는 하나님께 돌리는 영광입니다. 예수님과 더불어 역사하시는 하나님께 영광을 돌릴 줄 아는 영안이 열려 있어야 합니다. 사람에게 아부하기는 쉬워도 하나님께 영광을 돌리기는 쉽지 않습니다.

"내게 주신 모든 은혜를 내가 여호와께 무엇으로 보답할까"

시편 116:12

우리의 감사는 궁극적으로 하나님을 향해야 합니다. 모든 것의 원래 제공자는 하나님이십니다.

❹ 그는 겸손한 자세로 감사했습니다

그는 예수님의 발아래에 엎드려 감사했습니다. 갈릴리에서 치유받은 나병환자도 예수님께 나아와 엎드렸지만, 그것은 존경의 뜻이었습니다. 그러나 사마리아인의 엎드림은 그를 낮게 해주신 것에 대한 감사와 사랑의 표현이었습니다. 소망 없던 삶에 소망을 주신 분께 드리는 지극한 감사와 자신을 극히 낮추는 겸손의 표현이었습니다. 아쉬울 때 무릎을 꿇기는 쉬워도 감사할 때 무릎을 꿇는 겸손은 흔치 않습니다.

❺ 그는 어려운 중에도 감사했습니다
나병은 나았지만 실상 달라진 것이 없습니다. 오히려 환경이 바뀌었

기 때문에 더욱 두려울 수밖에 없습니다. 지금까지 나병환자로 적응하고 살아왔으나 이제는 정상인으로서 의무와 책임이 뒤따를 것이기 때문입니다. 모든 것이 불확실합니다. 고향에서 그를 맞아 줄지, 앞으로 생활을 어떻게 꾸려야 할지 알 수 없습니다.

그는 그동안 가지고 있던 모든 것을 다 잃은 상태였습니다. 하지만 성숙한 사람이었습니다. 성숙한 사람은 받은 것에 집중합니다. 미숙한 사람은 없는 것에 집중합니다. 아홉 사람은 아직 제사장의 인증도 받지 못했고, 가족도 만나지 못했고, 할 일도 찾아야 했고, 입을 옷과 먹을 음식도 마련해야 했고, 살 집도 장만해야 했습니다. 그러나 사마리아인은 나병에서 고침 받고, 고립과 멸시에서 벗어나고, 감각도 돌아오고, 가정도 회복되고, 일할 수도 있고, 필요한 물질을 벌 수도 있게 되었습니다. 모든 것이 감사할 따름입니다.

같은 조건인데 이렇게 다를 수 있습니다. 결국 감사는 소유의 넉넉함에 있는 것이 아니라 깨달음의 깊이에 있습니다. 생각하다think를 약간만 바꾸면 감사하다thank로 할 수 있습니다. 사마리아 사람은 어려운 중에도 감사할 줄 알았습니다.

감사 이야기는 이렇게 가장 절망적인 상황에서 시작됩니다. 어려울 때보다 잘 될 때 예수님을 떠난 이들이 많습니다. 나병이 걸려서는 하나같이 예수님을 찾았는데, 낫고 나서는 다 떠나고 한 사람만 예수님을 찾습니다. 어려울 때보다 잘 될 때 예수님께 나오기가 더 힘들고, 어려울 때보다 잘 될 때 감사하기가 더 힘듭니다. 목회 현장도 마찬가지입니다. 그래서 잘 되는 것이 오히려 해가 될 때도 있습니다.

영국의 명설교자 찰스 스펄전Charles Haddon Spurgeon은 "사람들은 은혜는 물에 새기고 원수는 바위에 새긴다."라고 했습니다. 받은 은혜를 쉽게 망각하는 것이 인지상정입니다. 이러니 배은망덕이 다반사가 됩니다. 은혜받은 자는 많지만 감사하고 찬양하는 사람은 적습니다. 은혜가 진정한 은혜 되기 위해서는 은혜에 감사할 줄 알아야 합니다.

기도하는 자는 많아도 감사하고 찬양하는 자는 적습니다. 감사함으로 기도하는 자가 되어야 합니다. 이것이 진정한 기도입니다. 예배하는 자는 많아도 감사하고 찬양하는 자는 적습니다. 감사함으로 예배드려야 합니다. 이것이 신령한 예배, 영적 예배입니다. 하나님이 기뻐하시는 예배입니다. 기도하고 예배하고 은혜받은 자는 열 명이었지만, 감사하고 찬양한 사람은 오직 한 명뿐입니다. 은혜와 기도, 예배, 믿음의 핵심은 감사입니다. 믿음생활은 감사하는 생활입니다.

돌아오지 않은 아홉 명은 '유대인'이었고 돌아온 한 명은 '사마리아인'이었습니다. 그것은 충격입니다. 유대인과 사마리아인은 원수지간입니다. 유대인은 사마리아인을 깔봅니다. 동족이 아니라며 이방인 취급을 합니다. 예루살렘 성전에서 '이방인'은 이방인의 뜰에까지 만 들어갈 수 있고 '접근금지' 푯말을 넘어서는 안 되는 존재였습니다. 유대인들만 성전 안쪽으로 들어가 하나님과 교제하는 특권을 누렸습니다.

그런 특권을 지닌 유대인들, 율법을 더 잘 알고 이해하던 유대인들은 한 명도 주께 돌아오지 않고 멸시받던 사마리인만 예수님을 찾아와 감사했습니다. 이 모습에 예수님께서 충격을 받으신 모양입니다. 연거푸 두 번 같은 질문을 던지십니다. "열 사람이 다 깨끗함을 받지 아니하였느냐 그 아홉은 어디 있느냐" "이 이방인 외에는 하나님께 영광을 돌리러 돌아온 자가 없느냐" 돌아온 사람이 적어서 놀라셨고, 돌아온 사람이 사마리아인이어서 또 한 번 놀라셨습니다. 예수님은 감사 표시를 못 받으셔서 섭섭하신 것일까요? 아닙니다. 하나님께서 온전한 영광을 받으시지 못한 것이 안타깝고, 주실 은혜가 더 큰데 그것을 묵히는 것이 안타까웠을 뿐입니다.

:: 네 믿음이 너를 구원했다!

오래 아프다 보면 육체의 감각도 무뎌지고, 따라서 마음의 감각도 무뎌집니다. 통증을 느끼지 못하는 사람에서 감사를 느끼지 못하는 사람으로 변합니다. 육체의 병이 마음의 병으로까지 발전하는 것입니다. 진정한 치유는 통증을 느껴서 그것을 고침 받고, 나아가 감사하는 마음을 갖는 것까지입니다.

육체적 감각과 마음의 감각이 모두 회복되어야 합니다. 이런 사람에게 영적 질병까지 회복시켜 주시는 것은 당연한 일입니다. 예수님은 감사하는 자에게 주실 귀한 것을 준비하고 계셨습니다. 육신의 치유를 받는 것에 비교할 수 없는 귀한 선물을 보너스로 주셨습니다. 보너스가

본봉보다 무한히 큽니다. "일어나 가라 네 믿음이 너를 구원하였느니라"

여기에서 '네 믿음'은 감사를 말합니다. 감사가 믿음입니다. 이 사마리아 사람은 감사함으로 구원의 축복을 받았습니다. 처음에는 예수님과 열 명의 나병환자가 만났습니다. 그러나 사마리아인만 예수님께 감사를 표했고, 그러자 예수님과 사마리아인의 개인적인 관계가 형성되었습니다. 그리고 예수님은 그에게 더 큰 이적을 베푸셨습니다. 아홉 사람이 받지 못한 영혼의 구원을 받은 것입니다. 아홉 사람은 육신의 치유만 받았습니다. 그렇다고 취소하지는 않으셨겠지요. 그러나 감사하지 않는 사람은 언젠가 얻은 것을 다시 잃을지도 모릅니다.

감사하는 삶은 그렇지 않은 삶과 엄청난 차이가 있습니다. 감사하는 삶은 나아지는 삶이요 적극적인 삶이지만, 불평불만만 하는 삶은 퇴보하는 우울한 삶입니다. 우리는 지금까지 당연하게 여기던 평범한 축복들에도 감사하는 마음을 가져야 합니다. 주어진 것을 너무나 당연하게 여기고 감사하지 않으면 그것 때문에 유혹에 빠질 수도 있습니다.

"하나님을 알되 하나님을 영화롭게도 아니하며 감사하지도 아니하고 오히려 그 생각이 허망하여지며 미련한 마음이 어두워졌나니"

로마서 1:21

그러나 이방인은 "네 믿음이 너를 구원하였다"라는 영적 축복을 받았고, 육체의 치유는 영적인 치유로까지 연결되었습니다. 감사하는 사람은 더욱 신령한 복을 받게 됩니다. 감사는 자기의 가치를 더욱 높이는 길입니다. 스펄전은 "불행할 때 감사하면 불행이 끝나고, 형통할 때 감사하면 형통이 연장된다."고 말했습니다. 또 "촛불을 보고 감사하면 전등불을 주시고 전등불을 보고 감사하면 달빛을 주시고 달빛을 보고 감사하면 햇빛을 주시고 햇빛을 보고 감사하면 천국을 주신다."고 말했습니다.

감사하는 자는 적으나 감사하는 자들은 더 받습니다. 감사하기 전까지는 예비하신 은혜를 아직 다 못 받은 것입니다. 감사함으로 하나님께서 예비하신 축복을 온전히 받을 수 있습니다. 감사는 일종의 마중물과 같습니다. 감사를 부으면 엄청난 은혜를 길어 올릴 수 있습니다.

하나님의 사랑은 온전한 사랑입니다. 하나님은 해를 악인과 선인에게 고루 비추시며 비를 의로운 자와 불의한 자 모두에게 내리십니다. 그러나 감사하는 자는 극히 적습니다. 이 사마리아인은 감사함으로 두 가지 결과를 가져왔습니다. 하나는 예수님이 말씀하신 바와 같이 '하나님께 영광'을 돌렸습니다 눅 17:18. 하나님께서 우리에게 요구하시는 것이 있다면 하나님께 영광 돌리는 것입니다. 이것은 감사를 통해 가능합니다. 둘째는 하나님께서 주시는 구원의 선물입니다.

"감사로 제사를 드리는 자가 나를 영화롭게 하나니 그의 행위를 옳게 하는 자에게 내가 하나님의 구원을 보이리라" 시편 50:23

그러므로 감사는 일거양득—擧兩得입니다. 우리는 항상 감사하는 자가 되어야 합니다. "범사에 우리 주 예수 그리스도의 이름으로 항상 아버지 하나님께 감사하며"엡 5:20 오늘도 주님은 우리에게 물으십니다. "그 아홉은 어디 있느냐" 나는 감사하는 한 명입니까? 제 갈 길로 가는 아홉 중 한 명입니까?

Chapter 03 말씀 나누기

❶ 나병환자 열 사람의 공통점과 다른 점은 무엇입니까?

❷ 사마리아인 나병환자의 감사는 어떤 것이었습니까? 눅 17:15-16

❸ 감사하는 사람은 어떤 은혜를 받습니까? 눅 17:19

Chapter 03 은혜 나누기

❶ 하나님이 주시는 은혜에 대한 당신의 태도는 사마리아인 나병환자와 돌아오지 않은 아홉 중 어디에 속하는지 말해 봅시다.

❷ 개인적인 일과 가정, 교회에서 감사한 일을 나누어 봅시다.

❸ 지금까지 지키고 인도하신 하나님께 감사의 기도를 드립니다.

chapter 04

—

신앙생활에 실패했을 때, 예수님이 묻습니다
"네가 나를 사랑하느냐?"

요한복음 21:15-18

:: 질문으로 찾아오신 예수님

예수님께서 제자들과 소통하신 방법은 독창적인 부분이 많습니다. 비유를 사용하기, 무엇인가를 보여 주고 말하기show and tell, 상대방으로 하여금 대답을 찾아보도록 질문하기 같은 것입니다. 질문에는 여러 종류가 있습니다. 답을 아는지 테스트하는 질문, 답으로 이끌어 주는 질문, 전투적인 질문, 혼돈 시키는 질문, 가르쳐 주려는 질문, 모욕을 주는 질문, 상대의 허점을 찾아내는 질문들입니다.

예수님의 질문은 상대를 혼란에 빠뜨리거나, 무지를 폭로하거나, 자신을 과시하기 위한 질문이 아니었습니다. 예수님은 핵심을 찌르는 질문을 하셨습니다. 이전에 잊고 지내던 것들에 대해서 다시 한 번 생각해 보도록 하는 성찰적 질문을 던지셨습니다. 그래서 우리가 앞으로 어떻게 살아가야 할지 올바르게 결단할 수 있게 하셨습니다. 제자들에게 질문을 던지심으로써 예수님은 그들을 존중하고 그들의 자율권과 선택할 능력을 인정하셨습니다. 이런 질문 방식의 대화법은 일방적 의사전달이 아니라 대화를 통한 소통이라고 할 수 있습니다. 이것은 사실 21세기의 방식이기도 합니다.

우리는 신앙생활이나 세속적 삶에서 열심을 내며 무엇인가를 추구합니다. 그것에 대한 '사랑'과 '열정' 때문입니다. 그러나 문제는 그들이 열심을 다해 사랑하는 것이 무엇인지 정확히 알지 못한다는 것입니다. 당신은 무엇을 사랑합니까? 무엇을 사랑하기에 그토록 애달파하고 노심초사합니까?

만약 당신이 사랑하는 것이 별로 가치 없는 것이라면 당신의 삶은 어떻게 되나요? 물질을 사랑합니까? 세상을 사랑합니까? 그런 것들은 과연 당신의 사랑을 받을 만한 가치가 있는 것일까요? 당신은 당신이 사랑하는 것으로 규정됩니다. 우리는 한 번쯤 우리가 사랑하는 것이 과연 어떤 것인가 생각해 보아야 합니다. 아주 이른 아침 이런 질문이 느닷없이 주어집니다. 사실 오랫동안 우리가 회피했던 질문이기도 합니다. 그러나 언젠가 한 번은 반드시 직면해야 하는 중차대한 질문이기도 합니다. 당신은 어떻게 대답하시겠습니까?

"요한의 아들 시몬아 네가 이 사람들보다 나를 더 사랑하느냐?" 이 질문에는 전제가 들어 있습니다. 바로 예수님께서 시몬을 간절히 사랑하신다는 사실입니다. 물론 예수님은 시몬 베드로뿐만 아니라 우리 모두를 사랑하셨습니다. 지극히 사랑하셨습니다. 그래서 그 혹독한 십자가를 스스로 짊어지셨고 그 위로 오르셨으며 그 위에서 죽으셨습니다. 우리가 감당치 못할 저주와 파멸을 대신 지시기 위해서 예수님은 넘치는 사랑으로 그렇게 하셨습니다.

그런 예수님이 우리를 대표한 인물 베드로에게 질문하십니다. "네가 나를 사랑하느냐?" 이는 예수님의 프러포즈입니다. 자신의 사랑을 바탕으로 상대방의 사랑을 구하기 때문입니다. 하나님 편에서는 우리를 사랑하시기로 이미 작정하셨습니다. 이제 모든 선택권은 우리에게 넘어왔습니다. 확정된 하나님의 사랑에 대해서 우리는 과연 어떻게 반응할 것인지 묻습니다. 당신의 사랑을 고백하십시오.

공관복음서와 달리 요한은 부활과 승리가 아닌, 사랑愛 이야기로 여운을 남기면서 복음서를 마무리합니다. 인류 역사 최대의 사건인 부활이라는 산꼭대기를 넘어 골짝으로 내려온 셈입니다. 작문법으로 보면 좋은 구성은 아닙니다. 흥미진진한 드라마가 김빠진 장면으로 끝나기 때문입니다. 그러나 요한은 부활의 감격과 에너지를 일상화하고 내면화하는 방법을 말하고자 했습니다.

예수님의 부활은 일회적인 사건이지만 부활에 내재된 사랑의 에너지는 계속 확장되어야 합니다. 예수님의 부활로 인류의 역사가 종결된 것이 아니라, 죽었던 자들에게 부활의 효력이 적용되어야 합니다. 그래서 죽었던 자를 살리고, 그 덕분에 다른 죽었던 자가 살아나는 부활 릴레이를 펼쳐야 합니다.

사실 제자들은 부활의 에너지와 사랑을 온전히 체험하지 못했습니다. 그래서 예전으로 돌아가 물고기나 잡자며 환멸감과 좌절감에 빠졌습니다. 그들은 아직 부활의 의미를 알지 못했습니다. 그것은 바로 사랑입니다. 부활이 한 번의 사건이었다면 사랑은 계속 타오르는 삶의 에너지입니다. 이야기의 끝은 사랑하는 삶입니다. 사랑이 없다면 부활조차 우리에게 무슨 의미가 있을까요?

:: 제자들을 찾아오신 예수님

처음 주님을 만나 믿기로 작정하고 나선 곳이 갈릴리 해변가였는데, 3년이란 세월이 꿈결같이 흘러갔습니다. 이제 그들은 일장춘몽처럼 지나가 버린 세월을 곱씹으면서 다시 물고기를 잡으러 나갑니다. 참담합니다. 환멸감에 몸이 떨립니다. 처량한 심정으로 고기잡이를 나갔는데 물고기마저 잡히지 않습니다.

주님이 찾아오시기까지 그들은 참담한 밤을 보냈습니다. 어부로 사는 삶뿐만 아니라 신앙생활도 실패했습니다. 예수님과 3년을 동행했으면 감람산에서 기도하거나 예루살렘에서 전도하다가 예수님을 만나야 하는데, 원래의 자리로 돌아와 버렸습니다. 예수님은 그런 그들을 다시 찾아오셨습니다. 이것이 바로 주님의 사랑입니다.

이번에 예수님이 나타나신 것이 '살아나신 후에 세 번째'요 21:14라고 되어 있습니다. 열 제자들에게, 도마에게, 그리고 이번이 세 번째입니다. 3은 중요한 숫자입니다. 확실함을 더해 주는 숫자입니다. 베드로가 예수님을 세 번 부인했고, 예수님께서 베드로에게 세 번 질문하셨고, 베드로가 세 번 답변하고, 예수님이 세 번 베드로에게 사명을 주십니다.

의문점이 생기지 않습니까? 두 번이나 부활을 목격하고도 디베랴 바닷가에서 물고기를 잡고 있다니! 더구나 도마는 불과 얼마 전에 예수님의 흉터까지 보고 "나의 주님이시오 나의 하나님이시니이다"요 20:26-29라고 신앙고백까지 하지 않았습니까!

예수님이 부활하신 후 외형적으로는 모든 것이 완벽해 보이지만 무엇인가 빠진 것 같습니다. 무엇입니까? 무엇 때문에 제자들은 무기력하게 예전 직업으로 돌아가 물고기를 잡으려 했을까요? 심지어 부름 받을 때 어부가 아니었던 사람조차도 낙망과 의기소침 가운데 다른 제자들의 고기잡이에 동참하고 있습니다.

그들은 지금 극심한 정체성의 혼란을 겪고 있는 것 같습니다. 무려 일곱 명이나 되는 제자들이 아직 무엇을 해야 할지 모릅니다. 예수님의 부활이 제자들의 삶으로 이어지지 못했습니다. 이미 구원의 성취인 십자가와 부활이 이루어졌는데, 왜 그럴까요? 바로 사랑의 부재 때문입니다. '예수님의 제자 사랑'이 아니라 '제자들의 예수님 사랑'이 부족해서입니다. 제자들은 예수님을 향한 사랑을 다시 체험해야 합니다.

"하나님이여 내 마음이 확정되었고 내 마음이 확정되었사오니 내

가 노래하고 내가 찬송하리이다" 시편 57:7

이 일을 위해서 예수님은 질문하셨습니다. "네가 나를 사랑하느냐?"
여기서 회복되지 못한다면 제자들은 영원히 무기력한 상태에 빠져 있
을 것입니다. 부활의 능력이 내 삶에 내재되고 역사하기 위해서는 이
질문을 통과해야 합니다.

이 질문을 하러 오신 예수님은 놀라운 행동을 보이셨습니다. 한밤 내
내 놀라운 일들뿐이었습니다. 베테랑 어부들이 물고기 한 마리 잡지 못
했고, 부활하신 예수님이 그 장소에 찾아오셨으며, 예수님의 말씀에 의
지해서 그물을 던지자 153마리나 되는 엄청난 어획량을 올렸습니다.
그런데 더 놀라운 것은 지극히 영화로우신 예수님이 제자들을 위해서
해변에 식탁을 준비하신 것입니다. 숯불을 피워 놓고 떡과 생선을 준비
하셨습니다. 숯불은 젖은 제자들을 따뜻하게 해주었습니다.
예수님은 그들을 위해 조반을 준비하셨습니다. 생선과 떡으로 차린
조촐한 식사입니다. 일을 끝내고 허기진 사람들을 위해 식탁을 차리는
것, 얼마나 고마운 일입니까? 이보다 더 어떻게 예수님의 마음을 보여
줄 수 있습니까? 그 마음은 어머니의 마음입니다. 사랑입니다. "지금
잡은 생선을 좀 가져오라." 예수님은 제자들이 잡아온 물고기도 직접
구우셨습니다. 이것은 제자들을 위한 배려입니다. 자신을 배반하고 모
두 떠났던 제자들을 향한 지극한 애정입니다.

:: 용서하시는 예수님

할리우드 영화 〈슬럼독 밀리어네어〉는 인도의 빈민가 출신 아이가 퀴즈 왕이 되어서 백만장자가 되는 이야기입니다. 이 영화는 질문으로 시작됩니다. "이 아이는 천재인가, 아니면 우연인가, 운명인가?" 학교도 다닌 적이 없는 부랑자 출신의 아이가 어떻게 지식인들도 맞추기 힘든 퀴즈를 풀어 내는가? 에 대해서 영화가 답합니다. '인생이 정답이다.'

영화는 주인공 소년 자말이 TV의 퀴즈 프로그램에서 한 문제씩 퀴즈를 풀 때마다 그의 과거를 소급해 올라갑니다. 그가 어떻게 태어났는지, 어떻게 버려졌는지, 어떻게 방황하고 나쁜 짓을 했는지, 그리고 어머니가 힌두교와 이슬람교도 사이의 충돌에서 어떻게 돌아가셨는지, 그리고 여자 친구를 어떻게 사랑했는지를, 복잡한 구조이기는 하지만 잘 보여 줍니다. 그 인생을 참고서 삼아 자말은 한 문제씩 풀어 갑니다. 자말은 답을 자신의 삶의 현장에서 찾았습니다. 인생이 답을 가르쳐 준 것입니다. 인생이야말로 학교요 정답입니다. 어려서부터 바닥 생활을 통해서 체험적으로 얻어낸 답입니다.

그런데 사실 그 인생의 기저에는 사랑이 깔려 있습니다. 스타에 대한 동경, 어머니에 대한 사랑, 여자 친구에 대한 사랑입니다. 퀴즈에 참여하는 자말은 상금이 목표가 아닙니다. 사랑이 목적입니다. 그 사랑을 찾다가 자연히 정답에 도달하는 것입니다. 퀴즈를 계속하는 것도 상금을 타기 위해서가 아니라 사랑을 만나기 위해서였습니다. 결국 마지막에 모르던 문제도 사랑이 이루어지는 것으로 풀게 됩니다. 100만 달러의 상금을 받은 것이 행복한 것이 아니라 사랑이 이루어지는 것이 참 행복이었습니다. 사랑이 정답입니다.

여타 복음서들이 예수님의 십자가 사건 직전에 마가의 다락방에서 가진 '최후의 만찬' 장면을 보여 줍니다. 그러나 요한복음은 그 장면 대신에 예수님이 부활 후 디베랴 바다에서 제자들과 침묵의 식사를 하시는 장면을 보여 줍니다. 요한에게는 이것이 진짜 최후의 식사인 셈입니다. 차이가 있다면 수난 전의 식사는 제자들이 마련한 것이지만 이번에는 예수님이 직접 준비하셨다는 점입니다.

주님이 피우신 숯불은 베드로에게 참담한 회상을 불러일으키기에 충분했을 것입니다. 그는 수난받던 밤에 주님을 부인했습니다. 죄책감과 서먹함이 그를 휘감았습니다. 그러나 제자들을 찾아오신 예수님은 그런 부정적인 감정들을 끄집어내지 않으셨습니다. 오히려 그들의 배고픔에 주목하셨습니다. 아무 말도 없이 함께 식사하신 것입니다. 이 침묵은 결코 정죄의 침묵이 아니라, 먼저 화평의 손을 내미는 침묵입니다. "괜찮다, 괜찮아. 다 이해한다. 아무렴, 다 이해하고말고!"

:: 자기 사랑에서 주님 사랑으로

"조반 먹은 후에"15절 예수님이 먼저 입을 여십니다. "네가 이 사람들보다 나를 더 사랑하느냐?"15절 번역에 따라서 '이 사람들보다'를 '이것들보다' 라고 기록하기도 합니다. 즉 눈에 보이는 바대로는 잡아 온 물고기, 무려 153마리나 되는 이 엄청난 물고기보다 나를 더 좋아하는지 물으신 것입니다. 풍어豊漁에 베드로가 얼마나 들떠 있었는지 짐작하게 합니다. 그런데 예수님의 이 말씀은 중의적입니다. "베드로야, 네가 여기 있는 이 물고기보다, 네 배보다, 네 직업보다, 네가 이 세상에서 누리는 그 무엇보다 나를 더 사랑하느냐?" 하고 묻고 계신 것입니다.

'더' 라는 부사副詞를 유념하십시오. 예수님은 베드로에게 양자택일하라고 흑백논리를 펼치지 않으십니다. 하나님과 예수님을 믿으니 모든 것을 포기하고 오직 종교 활동만 하라고 요구하시지 않습니다. 예수님을 믿는다고 가정을 버릴 필요는 없습니다. 직업을 포기하고 신학교에 입학하라는 것이 아닙니다. 예수님은 우리 각자에게 주신 환경을 인정하십니다. 그리고 그 환경 가운데서 사명을 감당하라고 부르십니다. "각 사람은 하나님이 뿌려 주신 땅에서 꽃을 피우라."는 루마니아 속담처럼 자신이 현재 존재하는 곳이 바로 사역지로 부르심을 받은 곳입니다.

신앙생활은 결코 양자택일이 아닙니다. 다만 '더' 하나님을 사랑하라는 것입니다. 이는 우선순위에 대한 말씀입니다. 사랑해야 할 것들이 많이 있습니다. 다만 그 질서에 맞게, 합당하게 사랑하되 최고의 사랑은 하나님께 드려야 한다는 말씀입니다. 예수님의 이 질문은 이렇게 사랑의 위계질서가 잡혀 있을 때, 즉 더 사랑할 자를 더 사랑하고, 덜 사랑할 것을 덜 사랑할 때 우리의 삶이 균형과 안정을 찾는다는 뜻이기도 합니다. 그리고 이런 질서하에서 우리가 애쓰고 힘써서 이룰 수 있는 결과보다 더 많은 열매를 맺게 해주신다는 뜻이기도 합니다.

"그런즉 너희는 먼저 그의 나라와 그의 의를 구하라 그리하면 이 모든 것을 너희에게 더하시리라" 마태복음 6:33

기존에 갖고 있던 모든 조건은 불필요한 것이 아닙니다. 다만 하나님을 제일 사랑하면 하나님께서 친히 아름답고 복되게 채워 주십니다. 이 부분을 '이 사람들보다' 라고 대입해도 마찬가지입니다. 천성적으로 사람을 좋아했던 베드로에게 주님은 그들보다 예수님을 더욱 사랑하라고 요구하십니다. 우리를 향한 질문이자 요구이기도 합니다.

이 질문을 통해서 예수님은 넘어지고 배신했던 예전의 베드로를 땅에 묻고 새로운 사랑과 비전을 품은 베드로로 다시 부활시키려 하십니다. 따라서 이 질문은 베드로에게 새로운 인생 전환점을 이루게 하는 질문이기도 합니다. 송구스러움에 치를 떨며 두려워하던 자에게 책망 대신 던져진 이 질문은 바로 예수님의 사랑이었습니다. 예수님의 질문에 베드로는 이렇게 대답합니다.

"주님 그러하나이다 내가 주님을 사랑하는 줄 주님께서 아시나이다" 요한복음 21:15

베드로는 대답의 주어主語에 자신이 아닌 예수님을 내세웁니다. 엄청난 변화입니다. 베드로는 쓰디쓴 실패를 맛본 연약한 자입니다. 그는 비록 수제자로서 신앙고백을 제일 먼저, 그리고 정확하게 했지만, 그의 삶은 그 고백에 들어맞지 못했습니다. "주는 그리스도시요 살아 계신 하나님의 아들이시니이다"라고 고백했고 "모두 주를 버릴지라도…내가 주와 함께 죽을지언정 주를 부인하지 않겠나이다"마 26:33, 35라고 호언장담했으나, 위기의 순간에 소심하고 두려운 마음에 예수님을 부인했습니다. 예수님에 대한 사랑과 헌신을 결정하는 주체가 바로 자신이었기 때문에 불러온 실패입니다.

이제 베드로는 오직 예수님을 향한 사랑만을 품게 되었습니다. 그리고 주님이 자신의 일편단심을 보고 지켜 주시기를 바라는 염원으로 이런 답변을 올립니다. 신앙은 내 능력과 힘으로 하는 것이 아님을 알게 된 것입니다. 그동안 '나'를 근거로 답변했으나 이젠 '주님'이 주체가 되셔야 함을 알게 된 것입니다. 그가 맹세한다고 해도 주님께서 힘을 주시지 않는다면 자신이 얼마나 허무하게 무너지는지 잘 알게 된 것입니다. 사랑의 근거는 내가 아닙니다. 바로 주님입니다. 내 결심이 아닌, 주님의 신뢰가 내 삶의 근거가 됩니다.

원어 성경을 보면 본문에서 예수님이 사용한 '사랑'과 베드로가 사용한 '사랑'의 단어가 다릅니다. 그래서 혹자는 이 차이를 바탕으로 본문을 해석하고자 합니다. 예수님이 물으신 사랑은 '아가파오'agapao였고 베드로가 대답한 사랑은 '필레오'phileo였습니다. 제가 보기에 원어 상의 차이는 별로 중요한 것으로 보이지 않습니다. 진실로 중요한 것은 단어의 차이가 아니라 그 단어로 말하는 자들이 무엇을 의미하느냐 하는 점입니다.

신앙생활과 일상생활에서 하나님을 향해 어떤 태도로 삶을 꾸려 가는지가 중요합니다. 율법은 우리에게 하나님을 사랑하라고 명령조로 말합니다. 그러나 예수님은 우리의 사랑을 명령하는 대신 물으십니다. 하나님은 우리에게 위협이나 강압, 굴종으로 사랑을 강탈하시는 분이 아닙니다. 오직 자발적 사랑을 원하시며 우리가 그분과 사랑의 관계를 맺기 원하십니다. 주님은 베드로에게 "네가 나를 위해서 얼마나 많은 헌신으로 온 힘을 다해 줄 것이냐?"라고 묻지 않으셨습니다. "네가 나를 더 사랑하느냐? 그렇지 않느냐?"라고 물으셨습니다. 베드로는 그렇다고 답변했습니다. 원어 상의 구별은 그런 점에서 사소하다고 볼 수 있습니다.

사람들 앞에서 같은 질문을 세 번씩 반복해서 받았다면 당신의 심정은 어떻겠습니까? 당황스럽지 않겠습니까? 예수님은 묻고 또 물으셨습니다. 베드로는 매번 질문을 받을 때마다 마치 처음 질문을 받는 것처럼 대했을 것입니다. 근심 어린 눈빛으로, 그리고 간절함으로. 왜 예수님은 같은 질문을 연거푸 세 번이나 베드로에게 하신 걸까요? 베드로의 답변을 믿지 않으신 것일까요? 아니면 다른 답변을 원하신 것일까요? 예수님이 원하시는 것은 무엇일까요? "너는 사랑이 무엇인지 알고나 대답하는가? 너의 사랑이 진짜인가?"

베드로는 세 번째 대답할 때 "예수님, 왜 그러세요. 다 아시잖아요."라고 말하면서 울었을지도 모릅니다. 당황스러웠을 것입니다. 예수님이 베드로에게 요청하신 것은 희생적인 사랑, 조건 없는 사랑입니다. 아마도 예수님은 세 번의 질문을 통해서 베드로의 마음을 확고하게 다

졌을 것입니다. 예수님은 베드로에게 사랑을 연거푸 세 번이나 요구하셨습니다. 사랑만이 죽지 않고 살아 영원히 승리할 것이기 때문입니다. 하나님의 사랑을 받고 살아갈 때 인생의 문제에 대한 답이 나오기 때문입니다.

∷ 새로운 사명

베드로의 대답을 들으신 예수님은 이렇게 말씀하십니다. "내 어린양을 먹이라" 사랑 고백에 이어 사명이 위임됩니다. "내 양을 치라"는 구체적인 행동에 대한 말씀은 사랑이 행동으로 표현되어야 함을 보여 줍니다. 당신의 행동을 보면 당신이 무엇을 사랑하는지 알 수 있습니다. 사랑은 감정을 넘어 의지적인 행동이기도 합니다. 사랑은 실천적 행동입니다. 사명은 믿음보다도 사랑에 기초합니다. 하나님을 사랑하는 일이 성공적으로 사명을 감당하는 길입니다. 사랑의 고백 없이는 사명도 있을 수 없습니다. 사랑을 고백하는 순간 제자들은 다시 부활한 셈입니다.

다시 살아난 제자들에게 예수님이 사명을 맡기셨습니다. 꺼진 숯에 불꽃이 일어나듯 말입니다. 베드로에게 주신 세 번의 위임 명령은 서로 엇비슷하게 보이지만 약간씩 다른 의미를 지니고 있습니다. 양을 먹이는 것은 '보양'이고, 양을 치는 것은 '보호'입니다. 목자의 지팡이와 막대기시 23:4가 의미하는 바와 같습니다. 주님은 이렇게 베드로에게 사명을 회복시키셨습니다. 예전에 그를 처음 만나 "나를 따라오너라 내가 너를 사람을 낚는 어부가 되게 하리라"고 말씀하신 때처럼 말입니다. "너는 나를 따르라"요 21:22 마침내 예수님의 부활에 이어 제자들도 '참된 제자들'로 부활하게 된 셈입니다.

예수님을 사랑하는 것이 신앙생활의 본질입니다. 다른 것들보다 예수님을 더 사랑하는 것입니다. 우리의 믿음이 회복되는 것은 주님을 향한 사랑의 고백을 통해서입니다. 믿음생활에서 가장 중요한 것, 믿음의 과정에서 가장 중요한 것은 사랑의 고백입니다. 우리가 하는 모든 믿음의 행위는 예수님에 대한 사랑의 표현입니다. 예배, 헌금, 봉사에 사랑이 들어가 있지 않으면 헛된 일입니다. 의무감이나 공로를 세우기 위해 억지로 하는 것은 하나님을 기쁘시게 하지 못합니다. 사랑으로 해야 하나님께 영광이 되고 나에게 축복이 됩니다.

이 일을 통해서 베드로는 신앙 성숙의 단계로 접어들었습니다. 예수님은 베드로가 참된 제자가 되어 나타낼 행동을 예언하셨습니다.

"내가 진실로 진실로 네게 이르노니 네가 젊어서는 스스로 띠 띠고 원하는 곳으로 다녔거니와 늙어서는 네 팔을 벌리리니 남이 네게 띠 띠우고 원하지 아니하는 곳으로 데려가리라" 요한복음 21:18

성숙한 믿음이란 무엇일까요? 믿음이 자란다는 것은 내가 믿음을 주도하는 것에서 의존하는 것으로 바뀌는 것입니다. 지금까지 믿음생활을 하면서도 내가 원하는 것을 선택하며 살았다면, 이제부터는 이끌림을 받으며 살아야 합니다. 더 많이 묻고, 더 많이 맡기고, 더 많이 신뢰하고, 더 많이 내려놓는 것입니다. 내 뜻대로가 아니라 아버지의 뜻대로 하는 것입니다.

물이 발이나 무릎까지 차면 물속에서도 여전히 자기 몸을 자유자재로 움직입니다. 그러나 물이 옆구리를 넘어 높이 차오르면 물의 흐름에 따라 몸이 움직이게 됩니다. 마찬가지로 성령충만하면 내 의지가 아니라 하나님의 의지를 따라가는 생활을 하게 됩니다. 자기가 주도하는 신앙생활은 한계가 있습니다. 진짜 신앙생활은 이끌림을 받는 생활입니다. 이끌림을 받아야 참된 제자가 됩니다. 주님을 믿고 맡길 수 있습니까?

베드로의 삶을 보면서 문득, 신앙생활을 하는 사람들이 성숙의 단계에서 받아야 할 질문은 이런 것이 아닐까 생각합니다. 처음에는 죄악에 빠져 자신을 알지 못한 채 죽음의 수렁에 잡혀 있을 때에 갑자기 찾아오는 하나님의 질문입니다. "네가 어디 있느냐?" 이는 자신의 처지를 알고 자신이 죄인임을 고백하며 회개하라는 뜻입니다. 하나님은 이런 질문으로 그분을 알게 하십니다.

두 번째 던져질 질문은 예수님에 대한 신앙고백입니다. "나를 누구라 하느냐?" 이 질문은 예수님에 대한 인식을 재점검해야 할 필요가 있음을 시사합니다. 같은 예수님을 믿어도 전혀 다른 의미로 믿는 경우가 있기 때문입니다. 우리는 믿음의 주인이신 예수님에 대한 확고한 고백을 해야 합니다. 예수님을 제대로 알고 고백해야 합니다. 주님은 그리스도시오 하나님의 아들입니다.

마지막 질문은 "나를 사랑하느냐?"입니다. 우리의 신앙은 주님을 향한 사랑에 기초하고 있을까요, 아니면 모종의 거래에 의한 것일까요? 우리는 궁극적으로 이 마지막 질문 앞에 서야 합니다. 베드로처럼 말입니다. 그리고 베드로처럼 대답해야 합니다. "주여 내가 당신을 사랑하는 줄 당신이 아시나이다" 나를 알고죄의 고백, 예수님을 알고신앙고백, 사명을 알게 될 때사랑 고백 우리는 온전한 하나님의 사역자가 될 수 있습니다.

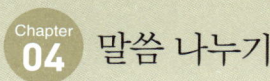 말씀 나누기

❶ 본문의 사건은 부활하신 예수님이 몇 번째 나타나셨을 때의 일입니까? 요 21:14

❷ 신앙생활에서 가장 중요한 것은 무엇입니까? 요 21:15

❸ 베드로의 사랑 고백을 들은 예수님은 무엇을 주십니까? 요 21:15-17

❹ 믿음의 성숙이란 내가 주도하는 삶이 어떻게 바뀌는 것입니까?

요 21:18

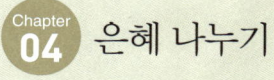 은혜 나누기

❶ 과거에 예수님보다 더 사랑한 것이 있으면 나누어 봅시다.

❷ "네 양을 먹이라"는 말씀을 어떻게 적용할 것인지 말해 봅시다.

❸ 남의 일에 참견하거나 요 21:21 잘못된 풍문으로 요 21:23 말씀의 본질을 놓친 경우가 있으면 이야기해 봅시다.

The Great Question of Jesus

Part 2

진리 되시는 예수님

대답하여 이르시되 나도 한 말을 너희에게 물으리니 내게 말하라
- 누가복음 20:3

chapter 05

—

같은 실수를 반복하며 배우지 못할 때, 예수님이 묻습니다
"아직도 깨닫지 못하느냐?"

마태복음 16:5-12

인간은 똑같은 일을 얼마나 더 반복해야 제대로 할 수 있을까요? 얼마나 더 실수를 해야 다시는 같은 실수를 하지 않을까요? "아직도 깨닫지 못하느냐?"라는 예수님의 물으심은 우리가 학창시절 선생님들에게서 많이 들어봤음직한 "또 잊었나?" "아직도 모르겠어?" "이래도 이해가 안 되나?" "아직도 감 못 잡았니?"라는 책망을 상기시킵니다. 예수님의 질문에는 그분의 안타까움과 답답함이 담겨 있습니다.

온유하신 예수님의 입에서 "믿음이 작은 자들아"마 16:8라는 책망이 흘러나옵니다. 학교 선생님 같았으면 "이 IQ가 낮은 자들아"라고 했을 것입니다. 병행기사인 마가복음 8장 17절에서 18절에 보면 "아직도 알지 못하며 깨닫지 못하느냐? 너희 마음이 둔하냐? 너희가 눈이 있어도 보지 못하며 귀가 있어도 듣지 못하느냐? 또 기억하지 못하느냐?"라고

책망하셨습니다. 하나를 가르쳐 주면 열을 알아야 하는데, 열을 가르쳐 주어도 열을 까먹는 상태입니다.

마태복음 14장 14절에서 21절에 보면 빈들에서 장정만 5천 명이요, 여자와 어린이도 포함된 거대한 군중이 굶주리고 있을 때, 예수님은 제자들을 향해 그들에게 먹을 것을 주라고 말씀하셨습니다. "너희가 먹을 것을 주라"마 14:16 이에 대해서 제자들이 이의를 제기합니다.

"여기 우리에게 있는 것은 떡 다섯 개와 물고기 두 마리뿐이니이다" 마태복음 14:17

:: 환경을 바라봄

광야에 무엇이 있겠습니까. 음식을 살 만한 곳도, 살 돈도 없었습니다. 모든 것이 '없는 것' 뿐이었습니다. 하지만 제자들이 놓친 영적 진리는 문제 자체에만 생각을 고정하면 해결책을 찾을 수 없다는 것입니다. 문제 밖에 있는 것을 볼 수 있어야 합니다. 능력의 예수님이 계시기 때문입니다. 예수님은 제자들이 누구나 다 아는 명백한 문제가 아닌, 가능한 해결책에 초점을 맞추길 원하셨습니다.

예수님은 제자들이 무리를 먹일 수도 있겠다는 가능성을 보셨습니다. "그것을 내게 가져오라"마 14:18 예수님은 그 적은 음식을 가지고, 축사하시고, 떼어, 제자들에게 나누어 주시고, 무리를 배불리 먹이셨습니다. 게다가 먹고 남은 조각이 열두 광주리에 가득 찼습니다.

그리고 다시 마태복음 15장 32절에서 39절을 보면 장정만 4천 명이요, 아이들과 여자들이 있는 군중이 사흘 동안 먹지 못한 상황이 나옵니다. 예수님은 그들을 불쌍히 여기셨습니다.

> "내가 무리를 불쌍히 여기노라 그들이 나와 함께 있은 지 이미 사흘이매 먹을 것이 없도다 길에서 기진할까 하여 굶겨 보내지 못하겠노라" 마태복음 15:32

제자들이 대꾸했습니다. "여기는 광야인데 어떻게 이런 무리를 배불리 먹일 만큼 떡을 얻겠습니까?" 바로 앞에서 있었던 오병이어의 이적을 까맣게 잊어버린 것입니다. "너희에게 떡이 몇 개나 있느냐"마 15:34 "일곱 개와 작은 생선 두어 마리가 있나이다"마 15:34 예수님은 전에도 그러하셨던 것처럼 축사하시고 가진 음식들을 떼어 주셨는데, 다 배불리 먹고 남은 조각이 일곱 광주리나 되었습니다.

:: 누룩: 퍼져가는 죄

이후 제자들과 함께 배를 타고 건너편으로 건너가시면서 예수님이 뜬금없이 말씀하셨습니다. "삼가 바리새인과 사두개인들의 누룩을 주의하라"마 16:6 그들은 예수님께 찾아와 하늘로부터 오는 표적을 보여 달라고 요구했습니다. 예수님이 보여 주시고 들려주신 수많은 이적과 기적, 지혜의 말씀 앞에서 여전히 하늘의 표적만 요구했습니다. "어느 정도 이해는 되는데 결정적인 증거가 없다. 그러니 엘리야처럼 하늘에서 불이 내려오게 하든지 모세처럼 만나를 내려오게 해보라. 불말과 불병거를 보여 달라. 그러면 믿겠다."는 태도입니다.

신구약 중간기인 흑암의 때에 많은 거짓 선지자가 나타나 유대 사회를 영적으로 어지럽혔기에, 선지자를 확실히 검증하려는 태도는 칭찬할 만합니다. 그러나 바리새인과 사두개인들은 교만한 마음으로 팔짱을 끼고 방관자적 입장에서 "나를 감동시켜 봐."라고 말하는 것 같았습니다. 예수님은 그들의 본질을 '악하고 음란한 세대'라고 규정하시고 그들의 요구를 물리치셨습니다. 아마도 예수님은 바리새인과 사두개인들의 비웃음을 느끼셨을 것입니다. 그래서 제자들을 향해서 던진 말씀이 바로 "바리새인들과 서기관들의 누룩을 주의하라"였습니다.

여기에서 누룩은 비유적 표현으로, 떡 반죽에 한 점의 누룩이 퍼져 전체를 부풀리듯 '보이지 않는 악의 전염성'이 얼마나 강력한지를 말하고 있습니다. 전체적으로 보면 제자들의 불신앙 상태에 대해 경계하신 것이고, 구체적으로 보면 바리새인의 율법주의와 형식주의 등 위선적인 신앙생활을 조심하라고 말씀하신 것입니다. 바리새인들은 예수님이 던지신 수많은 회개의 메시지에도 마음을 돌이키지 않았습니다. 이런 완악한 불신앙이 자리를 잡지 못하도록 해야 합니다.

한편 사두개인의 누룩은 오늘날의 자유주의 신학 경향과 비슷합니다. 당시 사두개인은 부활을 믿지 않았습니다. 지금 하나님의 말씀에서 이탈한 자유주의와 인본주의 때문에 교회는 큰 피해를 당하고 있습니다. 잘못된 교훈을 삼가고 진리에 바로 서려는 노력이 필요합니다. 마가복음에는 '헤롯의 누룩'으로 표현되어 있는데, 헤롯의 누룩은 당시 식민정권과 하나가 된 현세적, 향락적, 세속주의적, 육욕적 삶을 지칭한 것입니다.

따라서 예수님이 말씀하신 누룩은 신앙생활에 율법주의와 인본주의, 물질주의의 악한 영향력이 침투하지 못하게 하라는 경계의 말씀이었습니다.

:: 어린 신앙인

그런데 제자들에게는 다른 염려가 있었습니다. 4천 명을 먹이고 남은 떡을 가져오지 않은 것입니다. 서로 미루다 챙기지 않았을 수도 있고, 어려운 누군가에게 선심을 써서 다 줘버렸을 수도 있습니다. 떡이 없다는 사실을 주님이 아시면 준비성이 없다고 책망하시지 않을까 전전긍긍하는 제자들 앞에서 예수님이 누룩 말씀을 하시니 얼마나 놀랐겠습니까. 그래서 바로 '누룩=떡'으로 생각해 버린 것입니다. '명민한 주님께서 우리가 떡을 가져오지 않은 것을 눈치채시고 넌지시 찔러 보시는 모양이다.'라고 말입니다.

이처럼 예수님의 관심과 제자들의 관심은 너무나 달랐습니다. 제자들은 예수님을 따랐지만, 몸만 주님 곁에 있을 뿐이고 마음과 생각은 다른 곳을 헤매고 있습니다.

예수님은 실망하셨습니다. "너희가 아직도 깨달음이 없느냐?" 오랜 시간 함께 하면서 여러 가지를 보여 주었는데 아직도 깨닫지 못하고 어리석게 구는 것을 책망하십니다.

> "때가 오래 되었으므로 너희가 마땅히 선생이 되었을 터인데 너희가 다시 하나님의 말씀의 초보에 대하여 누구에게서 가르침을 받아야 할 처지이니 단단한 음식은 못 먹고 젖이나 먹어야 할 자가 되었도다" 히브리서 5:12

떡이 없는 것이 문제가 아닙니다. 주님께서 먹이시리라는 약속을 믿지 못한 것이 문제입니다. 하나님께서 이전에 행하신 것을 기억하지 못한 것이 문제입니다. 제자들이 '잊은 것'은 단순히 떡이 아닙니다. 하나님의 역사와 믿음을 잊은 것입니다.

배불리 나누어 먹은 축제의 열기가 다 식기도 전에 다음 끼니를 걱정하는 제자들은 불렀던 배가 꺼지기도 전에 믿음이 사그라진 듯 보입니다. 그때 먹은 떡 한 덩어리를 손에 쥐고 자기들과 함께하는 이의 능력을 믿지 못합니다. 너무나 한심한 제자들입니다.

이스라엘의 광야 생활에서도 이와 비슷한 상황을 볼 수 있습니다. 이스라엘은 단번의 이적으로 애굽을 벗어난 것이 아닙니다. 이스라엘 백성은 애굽 땅에 내려진 열 가지 재앙과 이적적인 홍해 도하, 구름 기둥과 불기둥의 인도, 반석의 생수, 만나와 메추라기 등 많은 이적을 통해 하나님의 보호하심과 인도하심, 공급하심을 반복해서 체험했습니다.

그러나 어려운 상황에 봉착할 때마다 백성은 하나님을 향한 원망과 불신앙을 드러냅니다. 하나님의 선한 뜻을 악의로 폄하해 버립니다. 그동안 일어난 엄청난 이적의 은혜를 우연으로 바꿔칩니다.

우리의 신앙도 이와 별반 다르지 않습니다. 우리는 쉽게 은혜를 망각합니다. 여전히 걱정하고, 맡기지 못하고, 의심하고 불평합니다. 신앙의 건망증 환자들입니다. 보는 것이 참으로 보는 것이 아니었습니다. 듣는 것이 참으로 듣는 것이 아니었습니다. 말하는 것이 참으로 말하는 것이 아니었습니다.

예수님은 아직도 둔한 마음을 지닌 제자들에게 과거를 회상시켜 주십니다. "아직도 깨닫지 못하느냐?" "아직도 기억하지 못하느냐?" 5천 명을 먹이신 일이나 7천 명을 먹이신 일은 '절대 필요'와 '절대 불가능' 상황에서 넘치도록 채워 주시는 하나님을 보여 줍니다. 하나님은 '절대 가능'이심을 보여 준 이적이었습니다.

예수님은 제자들의 둔한 기억력을 자극하십니다. "떡 다섯 개로 5천 명을 먹였다. 얼마나 남았지?" "열두 광주리요!" "떡 일곱 개로 7천 명을 먹였다. 얼마나 남았지?" "일곱 광주리요!" 마치 유치원 교사가 아이들과 대화하는 것 같습니다. "참새?" "짹짹!" "오리?" "꽥꽥!" "그래도 깨닫지 못하겠느냐?"

:: 옥토와 돌밭

제자들의 마음은 옥토는 아니었습니다. 그들은 가시떨기 같아서 말씀을 들어도 세상의 염려와 재물의 유혹 때문에 아둔하고 어리석었습니다.

주님은 증거 없는 진리를 기억하거나 이해하라고 요구하신 적이 없습니다. 주님의 역사로 경험한 것을 기억하고 이해하라고 주문하실 뿐입니다. 그런데 우리는 그 경험을 너무 쉽게 생각합니다. 하나님의 역사는 현재와 미래의 하나님 역사를 보증하는데도 말입니다. 성경에 기록된 역사는 과거의 사건이지만 그것은 오늘과 내일, 미래에 행하실 일들에 대한 예언이기도 합니다.

하나님은 신용이 많으신 분입니다. 어제나 오늘이나 영원토록 동일하신 분입니다. 성경은 온통 하나님의 역사를 증언하고 있습니다. 그러므로 '그 이야기'를 다시 말하고 또 말해야 합니다telling and retelling the story. 성경에는 이미 출제된 문제, 예상되는 문제에 대한 정답과 풀이가 자세히 나와 있는데, 그렇게 읽고 보고 경험하고도 이해하지 못한다면 문제가 많습니다. 사실 복음은 이전에 들었던 말씀입니다. 새로운 말씀을 찾기보다는 이전에 믿음으로 듣지 못한 말씀이 다시 들려야 합니다.

:: 성장하는 그리스도인이 가져야 할 3가지

❶ 가진 것으로 역사하시는 주님

적은 떡으로 군중을 먹이신 두 번의 사건에서 예수님은 떡이 얼마나 있는지 물으셨고막 8:5: 마 15:34, 제자들은 갖지 못한 것을 먼저 생각했습니다. 돈도, 시간도, 떡을 살 곳도, 그들에겐 있는 것보다 없는 것이 훨씬 많았습니다.

문제가 커 보이고 자신은 가진 것이 없어 작게 보인다면, 그 사람은 믿음이 부족한 사람입니다. 듣지도, 보지도, 말하지도 못했던 헬렌 켈러는 "나는 받은 것이 너무 많아서 못 받은 것이 무엇인지에 대해 생각할 겨를이 없다."고 말했습니다. 고故 김준곤 목사는 "바구니의 사과는 헤아릴 수 있어도 그 사과의 씨앗이 품고 있는 사과는 헤아릴 수 없다."고 말했습니다. 작은 것에서 큰 것을 볼 수 있는 안목을 가져야 합니다.

모세는 목동 시절에 쓰던 지팡이로 애굽에 재앙을 내리고 홍해도 갈랐습니다. 기드온은 나팔과 300명의 용사로 12만 명의 거대한 미디안 족속을 무찔렀습니다. 예수님은 우리가 무엇이든 믿음으로 내어놓으면 그 번제 위에 축복하고 역사하시는 분입니다. 예수님은 없는 것을 요구하시지 않습니다. 작은 드림이 큰 결과를 낳습니다. 작은 것을 통해 큰 일을 이루십니다. 작지만 주님께 드린 것은 무궁무진한 물을 길어 내기 위한 한 바가지 '마중물'과 같습니다.

② 풍성하게 역사하시는 주님

예수님은 군중을 근근이 먹이시지 않았습니다. 오히려 남기기까지 하셨습니다. 두 번의 이적에서 무리는 배불리 먹었다고 기록되어 있습니다. 당시 민중이 배불리 포식하는 것은 흔한 일이 아닙니다. 그러고도 열두 광주리와 일곱 광주리가 남았습니다. 두 이적 사이에서 수학적인 연관성을 찾을 수는 없습니다. 있다면 사랑의 공식뿐입니다. 하나님은 손이 크십니다. 절대 인색하시지 않습니다. 풍성하게 주시는 분입니다. '후히 되어 누르고 흔들어 넘치도록 하여 우리에게 안겨 주시는 분'입니다.

> "이 모든 일에 우리를 사랑하시는 이로 말미암아 우리가 넉넉히 이기느니라" 로마서 8:37

> "너희 중에 누구든지 지혜가 부족하거든 모든 사람에게 후히 주시고 꾸짖지 아니하시는 하나님께 구하라 그리하면 주시리라"
> 야고보서 1:5

풍성케 하시는 하나님의 역사를 잊지 마십시오.

한편, 하나님께서 이렇게 풍성하게 나누실 수 있었던 이유는 누군가 자신의 것을 나누었기 때문입니다. 보리떡 다섯 개와 일곱 개는 누군가의 도시락이었을 것입니다. 그러나 그것을 예수님 앞에 내어놓자 5천 명, 혹은 7천 명의 장정들이 먹고도 남았습니다. 자기 몫의 양식을 내려놓았을 때 모두 다 먹고도 남았습니다. 이것은 나눔의 이적입니다. 나눌수록 커집니다. 나누는 것이 곧 사랑입니다.

> 사랑은 참으로 베푸는 것 베푸는 것 베푸는 것
> 사랑은 참으로 베푸는 것 더 가지지 않는 것
> 이상하다 동전 한 닢 움켜잡으면 없어지고
> 쓰고 빌려주면 풍성해져 땅 위에 가득하네

물질의 문제는 사실 사랑의 문제입니다.

❸ 말씀으로 역사하시는 주님

수많은 군중을 먹이기 위해 예수님이 하신 일은 감사하고 기도하고 나누어 주라 말씀하신 일입니다. 예수님은 결국 말씀으로 먹이셨습니다. 구약에 나오는 만나의 이적과 마찬가지로 이 이적의 참뜻은 하나님의 말씀이 우리를 살린다는 것입니다.

"사람이 떡으로만 사는 것이 아니요 여호와의 입에서 나오는 모든 말씀으로 사는 줄을 네가 알게 하려 하심이니라" 신명기 8:3

성경에 나오는 물질의 이적이 다 그렇습니다. 만나 이야기, 사르밧 과부 이야기, 엘리사 이야기, 가나의 혼인 잔치 이야기 등은 밥이 아니라 말씀이 사람을 살린다는 것을 알려 줍니다. 사람의 힘과 능력이 아니라 말씀으로 살 수 있습니다. 하나님이 먹이십니다. 사실 말씀이 육신 되신 예수님이야말로 우리에게 참된 양식인 생명의 떡을 공급하시는 분입니다. 예수님이야말로 하늘에서 내려온 떡입니다. 예수님은 무한한 양식, 영원한 생명의 양식입니다. 그래서 우리는 성찬식 때마다 그분의 살과 피를 상징하는 떡과 포도주를 먹고 마시고 그분께 감사하는 것입니다.

예수님의 보혈을 믿고 거듭나 구원받은 뒤에는 그리스도의 장성한 분량에 이르도록 성장하고 성숙해야 합니다. 그러나 우리는 현실 속에 파묻혀 그 사실을 망각할 때가 많습니다. 신앙은 제자리걸음을 합니다. 그러나 주님은 우리가 믿음의 거목으로 자라 이 세상을 호령하고 다스리기를 원하십니다.

신앙의 건망증이 생길 때마다 성경의 기사를 상고해야 합니다. 과거에 베푸셨던 하나님의 역사는 지금도 얼마든지 재현될 수 있습니다. "그제서야 제자들이"마 16:12 예수님의 말씀을 알아들었습니다. 우리는 과연 성경에서 무엇을 보고 듣고 깨달았습니까? 신앙생활 가운데 무엇을 체험했습니까? 주님은 앞으로 다가올 수많은 난관을 능히 믿음으로 감당하는, 하나를 들으면 열을 아는 제자를 기다리십니다. 이제는 기억하겠습니까? 이해하겠습니까? 믿겠습니까?

Chapter
05 말씀 나누기

❶ 오병이어의 이적으로 몇 사람이 먹었고, 떡은 얼마나 남았습니까?

마 14:13-21

❷ 칠병이어의 이적으로 몇 사람이 먹었고, 떡은 얼마나 남았습니까?

마 15:32-39

❸ 이러한 이적에서 우리는 무엇을 깨달아야 합니까?

❹ 제자들은 '누룩'에 대한 말씀을 어떻게 오해했습니까?

Chapter
05 은혜 나누기

❶ 신앙생활을 하면서 하나님이 베푸신 능력을 경험한 적이 있습니까? 그것을 통해 무엇을 배웠습니까?

❷ 과거의 은혜를 잊지 않기 위해 우리가 해야 할 일들이 무엇인지 나누어 봅시다.

❸ 하나님의 은혜를 경험하고 그 은혜를 잊지 않게 해달라고 함께 기도합시다.

chapter 06

—

예배의 목적이 모호해질 때, 예수님이 묻습니다
"너희가 무엇을 보려고 나갔더냐?"

누가복음 7:24-28

유학 생활 중, 아이들을 데리고 미국의 수도 워싱턴 D. C.로 여행을 간 적이 있습니다. 아이들에게 점수도 따고 가족 여행의 소중한 추억을 만들어 주려고 했습니다. 여행의 테마는 역사적·문화적으로 기념할 만한 곳을 견학하는 것이었습니다. 워싱턴 D. C.는 제가 유학하던 내쉬빌에서 차로 열 시간 정도 달려야 도착하는 먼 거리였습니다. 모처럼 교수님의 허락을 받고 당시 세 살, 다섯 살이던 아이들을 데리고 허름한 자동차 여행을 떠났습니다.

제일 먼저 간 곳은 백악관이었습니다. 줄을 일찍 선 덕에 백악관 내부를 견학할 수 있었습니다. 우리의 현충원에 해당하는 알링턴국립묘지를 다음 순서로 해서, 제퍼슨기념관, 링컨기념관, 한국전 참전 기념관을 돌아다녔습니다. 워싱턴 D. C.에는 박물관도 많았습니다. 과학 박물관, 유대인 홀로코스트_{희생기념} 박물관, 아프리카 박물관 등을 탐방하면서 수많은 문물을 눈과 마음에 채웠습니다.

그렇게 사흘 동안 수준 높은 문화·역사 여행을 한 뒤 아이들에게 물었습니다. "얘들아, 이번 여행에서 제일 좋았던 게 뭐야?" 다섯 살 아들 녀석이 씩씩하고 단호하게 말합니다. "회전목마요." "나도요." 세 살짜리 딸이 맞장구를 칩니다. '회전목마는 태워 준 적이 없는데……' 하고 생각하는 찰나, 박물관으로 이동하는 사이에 트럭에 설치된 회전목마를 50센트에 태워 준 게 기억났습니다.

'내가 기대한 것은 그런 것이 아닌데……' 어이가 없었지만, 아이들의 수준에서 생각한다면 이해할 수 있었습니다. 아이들의 가슴에 문화와 역사를 담아 주겠다는 제 욕심은 너무 컸고 아이들은 아직 어렸습니다. 아이들은 아이들 수준에서 여행을 즐긴 것입니다. 인간은 각자 자신의 수준에서 현실에 반응합니다.

:: 같은 예배 다른 깨달음

같은 은혜의 보좌 앞에, 같은 예배의 현장에 있어도 하나님께 드리는 예배의 은혜는 저마다 다릅니다. 어떤 이는 하나님을 기쁘시게 하는 예배를 드리지만 어떤 이는 자기 만족적인 예배를, 또 어떤 이는 무미건조하고 의례적인 예배를 드립니다. 그런 점에서 "너희가 무엇을 보려고 나갔더냐?" 하는 예수님의 질문은 지금 이 순간 우리에게 던져진 질문이기도 합니다. 과연 예배를 드리는 우리의 태도와 동기는 어떠해야 할까요?

세례 요한은 참된 하나님의 선지자였습니다. 하나님의 말씀이 있는 곳에 사람들이 구름 떼처럼 몰려들었습니다. 요한은 광야의 사람으로, 명함도, 건물도, 공식적으로 위임받은 권한도 없었습니다. 그러나 그는 하나님의 말씀과 뜻을 백성에게 선포하는 자였기에 황량한 사막일지라도 사람들이 신분과 지위고하를 막론하고 그에게 나아왔습니다.

오늘날에는 교회를 세울 때, 목이 좋은 곳에 편리한 시설을 마련해야 교인들이 온다는 말이 있습니다. 하지만 세례 요한에게는 해당하지 않는 말입니다. 찬송가 중에도 "궁궐이나 초막이나 내 주 예수 모신 곳이 그 어디나 하늘나라"라는 가사가 있습니다.

세례 요한이 전한 말씀은 백성의 귀를 즐겁게 해주는 말씀도, 위로를 듬뿍 주는 말씀도 아니었습니다. 아니 오히려 그는 나아오는 자들을 책망했습니다.

"회개하라 천국이 가까이 왔느니라" 마태복음 3:2

"독사의 자식들아 누가 너희를 가르쳐 임박한 진노를 피하라 하더냐 그러므로 회개에 합당한 열매를 맺고 속으로 아브라함이 우리 조상이라고 생각하지 말라 내가 너희에게 이르노니 하나님이 능히 이 돌들로도 아브라함의 자손이 되게 하시리라" 마태복음 3:7-9

오늘날 이런 취지의 설교를 한다면 회중석에 아무도 남아 있지 않을 것입니다. 이런 설교는 사람을 모으는 메시지가 아니라 사람을 쫓는 메시지입니다. 그러나 세례 요한의 말을 듣고 많은 사람이 회개했고, 그것을 확증하기 위해 물로 세례를 받았습니다.

그런 요한이 헤롯의 일로 감옥에 갇혔습니다. 헤롯은 아기 예수를 죽이려 한 헤롯 대왕의 아들로서, 갈릴리의 분봉왕이 되었던 인물입니다. 그런데 그가 동생 헤롯 빌립의 아내 헤로디아를 자신의 아내로 삼았습니다. 율법적으로 부정한 일이었기에 공의와 회개의 선지자 세례 요한은 이 일을 준엄하게 책망했고 종국에는 감옥에 갇혔습니다.

감옥에 갇힌 후 그는 두 제자를 예수님께 보내서 "오실 그이가 당신이오니이까 우리가 다른 이를 기다리오리이까"눅 7:20 하고 묻습니다. 예수님은 그 문제에 답하는 대신 예수님의 활동과 사역을 설명해 주시면서, 해석과 믿음은 요한에게 맡기셨습니다. 제자들이 돌아간 후 예수님은 세례 요한의 사역에 대해 긍정적으로 말씀하시면서, 무리에게 질문하셨습니다.

"너희가 무엇을 보려고 광야로 나갔더냐?" 이 질문은 세례 요한에게 구름떼처럼 몰려들었던 사람들에게, 그들이 세례 요한을 제대로 알고 있는지 묻는 것입니다. 그리고 무슨 목적으로 그에게 나아갔는지를 묻는 것입니다. 예수님은 세 번에 걸쳐 같은 질문을 하셨고, 세 가지 가능한 답변을 스스로 제시하십니다. 명시적으로 표현하지는 않았지만 백성의 마음속에는 다음과 같은 세 가지의 동기가 있었던 것으로 보이기 때문입니다.

❶ 흔들리는 갈대

첫 번째는 '흔들리는 갈대를 보러 광야에 갔는가'입니다.

세례 요한은 광야를 주 무대로 사역했습니다. 사람들이 그를 만나기 위해서는 척박하고 황량한 광야로 나가야 했습니다. 흔들리는 갈대를 보기 위해서 나갔느냐는 질문 속에는 종교적인 행사를 핑계로 '갈대'로 대표되는 자연경관을 감상하러 갔느냐는 의미가 포함되어 있습니다. 일종의 제유법입니다.

갈대를 보러 광야에 간 사람들은 영적인 것에 별 관심이 없습니다. 오직 새로운 풍경을 보기 위해서 사람들 틈바구니에 끼어 여행하고 관광을 한 것입니다. 아니면 비좁은 거주지에 살면서 쌓인 스트레스와 짜증을 풀어내기 위해서 기분전환 삼아 나간 사람도 있을 것입니다. 바람이 불면 광야의 갈대가 흔들립니다. 그 나름대로 풍치와 멋이 있고 이색적입니다. 이런 것들이 심신이 지친 사람들에게 원기를 회복하고 새로운 영감을 공급하는 역할을 한 것도 사실입니다. 그러나 이것은 올바른 동기가 될 수 없습니다.

'흔들리는 갈대'가 바로 요한이라고 생각할 수도 있습니다. 사람을 갈대로 비유하기 때문입니다. 파스칼은 인간을 '생각하는 갈대'라고 표현했고, 성경에서도 연약한 인간을 '상한 갈대'로 묘사합니다. 광야의 흔들리는 갈대는 곧 광야에서 외치는 사람, 세례 요한을 의미할 수도 있습니다. 그도 인간인 만큼 하나님처럼 완전하지 않다는 점에서 갈대와 같은 존재입니다. 그리하여 전지하신 하나님의 뜻을 이해하지 못하고 제자 둘을 보내 '오실 그이가 당신입니까?' 라고 묻지 않습니까?

세례 요한도 분명 어떤 측면에서는 연약한 갈대와 같은 존재입니다. 물론 그는 인간을 기준으로 보면 대쪽 같은 사람임이 틀림없습니다. 목숨을 잃는 것도 두려워하지 않고 왕의 잘못을 지적했기 때문입니다. 그러나 그도 역시 연약한 인간이라는 점에서 '흔들리는 갈대' 라고 할 수 있습니다. 사람들은 이런 세례 요한을 구경하기 위해서 나옵니다. 본질과 상관없이 말입니다.

벳새다 들판에서 예수님께 많은 사람이 몰려든 것도 배불리 먹고 예수님의 놀라운 사역을 재미있게 구경하기 위함이 아니었습니까?

> "내가 진실로 진실로 너희에게 이르노니 너희가 나를 찾는 것은 표적을 본 까닭이 아니요 떡을 먹고 배부른 까닭이로다"
>
> 요한복음 6:26

바람에 흔들리는 갈대, 요한을 보러 사람들은 광야에 나아 갑니다.

예수님은 묻습니다. "너희가 무엇을 보려고 광야로 나갔더냐? 바람에 흔들리는 갈대냐?" 사람들은 자연 풍광이나 유명 인사였던 세례 요한을 보려고 광야로 갔습니다. 우리는 결코 이런 목적으로 광야에 나아가서는 안 됩니다. 이것은 올바른 동기가 될 수 없습니다.

❷ 부드러운 옷을 입은 사람

두 번째는 '부드러운 옷을 입은 사람을 보러 나갔는가'입니다.

예수님은 무리에게 설교하실 때 원고대로 진행하시지 않고 청중들의 반응에 따라서 페이스pace를 조절할 줄 아셨습니다. '바람에 흔들리는 갈대'를 보러 갔느냐는 예수님의 질문에 백성은 아니라는 뜻에서 머리를 가로젓습니다.

무리의 부정적인 반응에 예수님은 두 번째로 묻습니다. "부드러운 옷 입은 사람이냐?"25절 자연경관을 보러 나가는 사람은 아닐지라도 개중에는 별의별 사람이 많이 모이는 곳에 가기를 좋아하는 사람들이 있습니다. 사람을 구경하는 것도 재미가 쏠쏠합니다. "저 사람도 왔네!" "와, 이름만 듣던 사람을 여기서 보네." "저 사람은 세련된 사람이네." 신분이 높은 사람, 낮은 사람, 고귀한 사람, 천한 직업을 지닌 사람, 남자와 여자, 노인과 어린이……. 세례 요한이 있는 곳은 인간 시장이나 다름 없었을 것입니다.

만약 그들이 그런 목적으로 광야로 나왔다면 잘못 온 것입니다. 부드럽고 화려한 옷을 입은 사람은 왕궁에 있지 광야로 나오지 않기 때문입니다. 왕궁에 가면 화려하고 우아하게 치장한 사람들을 쉽게 찾을 수 있습니다. 그들은 결코 광야의 외치는 소리에 귀를 기울이지 않습니다. 이 세상의 것을 누리기에도 바쁜데 어떻게 '육신의 정욕과 안목의 정욕과 이생의 자랑'을 포기하고 저 세상, 하나님 나라에 소망을 두고 헌신할 수 있겠습니까? 그들은 어리석은 부자처럼 "영혼아 여러 해 쓸 물건을 많이 쌓아 두었으니 평안히 쉬고 먹고 마시고 즐거워하자"눅 12:19고 말할 자들입니다.

그러므로 부드러운 옷을 입은 자를 광야에서 본다는 것은 말이 되지 않습니다. 세례 요한은 결코 부드러운 옷을 입은 사람이 아닙니다. 세례 요한의 의복은 정말 보잘것없습니다. 하긴 세례 요한의 옷이 눈에 띄기는 합니다. 낙타 털로 만든 옷을 입어 남루하기 이를 데 없었고 먹는 것은 메뚜기와 석청이었기 때문에 영양부족과 불균형으로 외모가 형편없었을 것이기 때문입니다. 하나님의 영광의 광채가 아니었다면 그는 눈 뜨고 못 볼 정도의 용모를 지닌 자였을 것입니다. 그가 입은 옷은 최소 비용으로 가릴 곳만 간신히 가린 누더기 의복에 불과하며, 메뚜기와 석청은 건강식이 아니라 연명을 위해서 광야에서 구할 수 있는 보잘것없는 음식이었습니다.

"부드러운 옷을 입은 사람을 보기 위해서 광야로 나갔더냐?"라는 물음에 사람들이 설레설레 고개를 젓습니다. 이제 예수님의 질문은 종착점을 향해서 마지막 역주力走를 합니다.

❸ 선지자

예수님이 묻습니다. "선지자냐?" 이렇게 물으시고 곧 당신의 질문에 옳다고 판단을 내리십니다. "옳다!" 예수님은 사람들이 선지자를 보기 위해서 나가야만 한다고 말씀하십니다. 점증적으로 정답에 근접해 중

대한 것을 가르치시려고 합니다. '광야로 나가는 이유와 목적은 선지자를 보기 위해서다!'

선지자는 하나님의 말씀을 대언하는 자입니다. 선지자의 충실성에 따라서 백성의 생사가 갈라집니다.

"주 여호와의 말씀이니라 보라 날이 이를지라 내가 기근을 땅에 보내리니 양식이 없어 주림이 아니며 물이 없어 갈함이 아니요 여호와의 말씀을 듣지 못한 기갈이라" 아모스 8:11

참된 선지자는 하나님의 말씀을 듣고 백성에게 전함으로써 그들을 영적 목마름에서 건져내는 자입니다. 세례 요한은 참된 선지자였습니다. 400년의 영적 암흑기 이후에 '때가 차매' 하나님은 그를 선지자로 일으키셨고, 그는 침묵했던 하나님의 말씀을 전했습니다.

"회개하라 천국이 가까이 왔느니라" 마태복음 3:2

그는 분명 오랜만에 나타난 하나님의 선지자였습니다. 그런데 예수님은 "내가 너희에게 이르노니 선지자보다도 훌륭한 자니라"26절라고 말씀하십니다. 다른 선지자가 '오실 메시아'를 예언하는 것으로 사역을 다 했지만, 세례 요한은 메시아에 대한 예언뿐 아니라 예수님의 길을 예비하는 사역까지 감당했기 때문입니다.

"보라 내가 내 사자를 네 앞에 보내노니 그가 네 앞에서 네 길을 준비하리라"27절는 말씀에서 그 사자가 바로 세례 요한입니다. 그는 그런 점에서 메시아 이전의 마지막 선지자였습니다. 메시아의 길을 예비하는 선지자로서 훌륭한 자였습니다. 세례 요한의 인간성 자체가 위대한 것이 아니라 그가 거대한 구원사의 흐름 속에서 맡은 역할이 중대했던 것입니다.

그러나 우리의 관심은 세례 요한에게 멈추면 안 됩니다. 세례 요한이 메시아의 길을 예비하고 닦는 자라면, 사람들은 세례 요한에게 왔다가 예수 그리스도에게 인계되어야 합니다. 그를 거쳐 반드시 예수님께 도달해야 합니다. '길을 닦는 자' 라는 칭호가 내포하는 의미는 그가 궁극적인 목적지가 아니라 경유지임을 나타냅니다.

우리는 세례 요한이 가리키는 방향을 주목해야 합니다. 손가락으로 달을 가리키면 달을 보아야지 손가락만 보면 안 됩니다. 어떤 노스님이 동자를 데리고 나가 달을 가리킵니다. 그런데 동자가 손가락만 바라봅니다. "너는 왜 가리키는 달은 보지 않고 손을 보느냐?" "스님 손가락에 낀 반지가 무척 예뻐서요." 우리는 세례 요한의 명성과 거룩함 때문에 멈추어 서서는 안 됩니다. 세례 요한이 가리키는 메시아에게로 나아 가야 합니다.

레오나르도 다빈치Leonardo da Vinci가 세례 요한의 모습을 그린 그림이 있습니다. 그림 속의 세례 요한은 흡사 모나리자와 비슷해 보입니다. 이 그림에서 중요한 점은 그의 손가락입니다. 그의 손가락은 무엇인가를 가리키고 있습니다. 바로 십자가, 즉 어린양 예수님이 달리신 십자가입니다. 그림의 제목은 세례 요한이지만, 사실 그림의 중심은 십자가와 그 십자가를 지신 예수 그리스도입니다. 세례 요한은 구원사 전체에서 그 자체로 의미가 있는 자가 아니라, 예수님을 보여 주는 역할로서 의미가 있습니다. 레오나르도 다빈치는 그런 의미를 담아 그의 손가락을 그려 넣었습니다. 세례 요한도 이렇게 말했습니다.

"그는 흥하여야 하겠고 나는 쇠하여야 하리라 하니라"

요한복음 3:30

세례 요한은 진정한 선지자였으나 하나님의 성령을 받아 직접 말씀하시는 하나님의 아들에 비추어 보면 절대적으로 부족한 존재입니다.

"하나님이 보내신 이는 하나님의 말씀을 하나니 이는 하나님이 성령을 한량 없이 주심이니라" 요한복음 3:34

세례 요한은 메시아에 이르는 과정이요, 길잡이입니다.

:: 예수님을 만나자

예수님은 백성이 광야의 요한에게 몰리는 현상을 보면서 무엇 때문에 광야로 갔는지 다시 점검하는 질문을 던지셨습니다. '바람에 흔들리는 갈대'와 '부드러운 옷을 입은 사람'을 보러 간 자들에게는 무의식적으로 그러했을지라도 그런 동기는 올바른 것이 아니라는 것을 은연중에 지적하시면서, 세례 요한의 선지자 됨을 분명히 했습니다.

예수님은 백성에게 세례 요한은 하나님의 말씀을 대언하는 자, 곧 참선지자이니, 그의 말을 듣기 위해서 찾아가라고 말씀하십니다. 그러나 그는 단순한 선지자가 아니라 메시아의 길을 예비하는 자이므로, 그가 지목하는 자 바로 예수님을 향해서 나아올 것을 주문하고 계십니다. 우리의 모든 종교 활동과 경건 활동은 이처럼 궁극적인 목적지에 도달해야 합니다. 그리고 그 목적지는 바로 예수님이어야 합니다.

예수님이야말로 우리 모든 활동의 알파와 오메가가 되셔야 하는 분입니다. 예수님이야 말로 생활과 경건의 중심입니다. 그분이 빠지면 아무것도 안 됩니다.

성경에 신비로운 일화가 하나 있습니다.

예수님이 열두 살 때 예루살렘으로 유월절을 지키러 가셨을 때의 이야기입니다. 누가가 복음서에 이 일화를 포함한 것은 예수님의 연대기적 행적을 보도하려는 의도 외에 특별한 신학적 의도가 있기 때문입니다.

유월절이란 하나님께서 애굽에서 고생하던 이스라엘 백성을 인도해 내실 때 애굽에 내리신 열 가지 재앙 중 마지막 재앙인 장자 죽음의 재앙으로부터 이스라엘을 지켜 주심을 기념하는 절기입니다. 이스라엘 백성이 사는 집마다 어린 양의 피를 문인방과 문설주에 발라 죽음의 사자가 그 집을 넘어가게 한 것_{유월하다}이 유례가 되었습니다. 어린 양과 이스라엘 백성의 장자들의 목숨을 바꾼 것입니다.

사실 예수님이야 말로 '세상 죄를 지고 가는 하나님의 어린 양' 입니다. 그러므로 유월절의 주인공은 바로 예수님이십니다. 유월절을 지킨 요셉과 마리아는 어린 예수가 갈릴리 동향 사람들 틈에 있을 것으로 추측하면서 귀향길에 올랐습니다. 그러나 하루가 지난 뒤에 동행 중이던 예수님이 없다는 것을 발견하고 예루살렘까지 돌아가며 예수님을 찾았습니다. 성전에서 예수님을 발견하기까지 3일이 걸렸는데, 이는 예수님을 찾되 엉뚱한 곳, 부적절한 곳에서 애타게 찾았다는 의미입니다.

어머니의 책망에 대해서 예수님은 말합니다.

> "어찌하여 나를 찾으셨나이까 내가 내 아버지 집에 있어야 될 줄을 알지 못하셨나이까?" 누가복음 2:49

사람들은 세상살이에 바빠 예수님을 잊기도 합니다. 자신들이 가는 곳에 예수님이 뒤따라오신다고 착각하기도 합니다. 신앙생활은 중심을 잘 잡아야 합니다. 교회는 규모가 커질 수도 있고 아름다운 프로그램을 운용할 수도 있습니다. 그러나 교회 경건과 활동들의 중심에는 예수님이 계셔야 합니다. 예수님 없는 예배, 예수님 없는 친교, 예수님 빠진 봉사는 그 자체가 무의미합니다. 바쁠수록 본질에 충실한지 생각해야 합니다. 가끔 멈추어 서서 반성해야 합니다.

:: 누구를 위한 예배인가?

교회에 출석하는 동기는 철저히 예수님이어야 합니다. 저는 중3 때 친구의 권유로 교회에 나왔습니다. 처음에는 모든 것이 새롭고 흥미로웠습니다. 도회지에서 자취생활을 하던 저에게 교회생활은 사회적인 관계를 넓히고 취미생활을 할 수 있는 환경을 제공했습니다. 교회에서 개최하는 음악제와 문학제 등 다양한 활동들은 예술적인 재능과 끼를 계발하고 발산하는 통로가 되었습니다.

물론 초신자를 붙들어 두기 위해서 교회에 이런 요소가 불가피한 것은 사실입니다. 그러나 신앙의 연조가 늘었음에도 교회 다니는 목적이 변하지 않는다면 심각한 문제입니다. 교회는 결코 사교단체가 아닙니다. 문화를 누리고 자아를 실현하는 장소도 아닙니다. 성도들 중에는 '교회 놀이'를 하는 사람이 많습니다. 교회생활을 취미나 동아리 활동으로 착각해서는 안 됩니다.

교회생활의 본질은 반드시 예수 그리스도여야 합니다. 사람들이 흔들리는 갈대나 좋은 옷을 입은 사람을 보기 위해서 광야로 나가서는 안 되듯 정신 수양이나 스트레스 해소, 기복적 동기, 사회적 인맥 형성을 목적으로 교회에 나와서는 안 됩니다. 이런 것들은 우리를 교회 밖에서 맴돌게 할 뿐입니다. 안으로 들어가야 합니다. 더 깊이 들어가야 합니다. 교회는 오직 예수님께만 집중해야 합니다.

지금까지 교회 뜰만 밟고 다녔습니까? 사람만 만났습니까? 예배당에 와서 앉아 있는 것만으로 만족해서는 안 됩니다. 음악이나 듣고, 헌금이나 하고, 봉사하는 것이 전부는 아닙니다. 종교 행사의 참여자로 머물 것인지, 은혜의 지성소로 들어가서 예수님을 만날 것인지 결정하십시오.

미국의 대통령, 프랭클린 루즈벨트Franklin Roosevelt가 출석하던 워싱턴교회 사무실에 어느 날 전화벨이 울렸습니다. 누군가 전화해서 "이번 주일에 대통령께서 교회에 출석하십니까?" 하고 물었습니다. 이는 일급 기밀에 해당하는 내용입니다. 아마도 그 사람은 대통령의 출석 여부에 따라서 그 교회에 출석할지 말지 정하고자 했던 듯합니다. 그때 전화를 받은 사무원이 아주 유명한 말을 남겼습니다. "대통령의 출석 여부는 불확실합니다. 확실한 것은 전능하신 하나님께서 예배에 출석하신다는 것입니다."

이 얼마나 지혜롭고 확고한 진리입니까? 우리의 관심을 대통령이나 유명인에 맞추어서는 안 됩니다. 오직 하나님 한 분만을 지향하고 그분만을 목적으로 해야 합니다.

제가 군목으로 복무할 때입니다. 부임해서 처음으로 예배를 드릴 때 이상한 현상을 발견했습니다. 예배당에 군인들, 특히 장교들의 출석이 많았고, 앞자리에는 별관이 세겨진 특별석이 있었으며, 예배를 드릴 즈음 장교들이 예배당 밖으로 나가서 늘어섰다가 사단장이 오자 "충성!" 하고 경례 구호를 했습니다. 사단장은 집사였습니다. 축도로 예배가 끝나기가 무섭게 참모들이 우르르 몰려나가 사단장을 배웅했습니다.

얼마 후 이래서는 안 되겠다 싶어 사단장에게 면담을 요청했습니다. "사단장님께서 예배를 같이 드려 주니 얼마나 힘이 되는지 모릅니다. 그런데 한 가지 부탁할 것이 있습니다. 사단장님의 지정석을 없애고 늘어서서 영접하고 배웅하는 관행도 없앴으면 합니다."

새내기 군목의 당돌한 발언에 사단장은 화를 내는 대신 뜻밖의 반응을 보였습니다. "목사님, 참 감사한 말씀입니다. 저도 하나님께 예배드리러 예배당에 갈 적에 장교들이 그런 식으로 대접해서 얼마나 가시방석이었는지 모릅니다. 늦게 참석해야 할 때도 앞자리가 고정석이라서 군인들의 시선을 뚫고 나아 가는 데 여간 식은땀이 나는 게 아니었습니다. 다들 관행이라고 하니 어쩔 수 없이 했는데 심적 부담이 아주 컸습니다. 목사님께서 먼저 그렇게 말씀해 주시니 참 감사합니다."

그렇게 해서 사단장 중심의 예배에서 하나님 중심의 예배로 탈바꿈할 수 있게 되었습니다.

과연 장교들은 그동안 무엇을 보러 예배당에 온 것일까요? 반짝이는 별 둘을 단 사단장일까요? 하나님일까요?

이와 비슷한 실화가 또 있습니다. 루이 14세는 주일이면 가족과 왕족을 거느리고 교회에 나와 예배를 드렸습니다. 프넬론Fenelon 대주교가 시무하는 교회로, 왕이 출석하다 보니 예배당은 좌석이 부족할 정도로 교인들이 넘쳐났습니다. 그러나 대주교의 마음은 전혀 기쁘지 않았습니다. 이 많은 사람이 예배를 드리러 온 것인지 왕에게 잘 보이려고 온 것인지 알 수가 없었기 때문입니다.

그래서 하루는 시험을 해보기로 했습니다. 왕이 도착하기 전에, 다음 주일은 국왕께서 교회에 나오지 못한다는 거짓 광고를 했습니다. 다음 주일, 어떻게 되었을까요? 예상대로 교회의 좌석은 텅텅 비었습니다. 그 많은 사람이 하나님이 아닌 왕을 예배하러 교회에 나왔던 것입니다. 이런 일은 지금도 교회에서 벌어지고 있습니다.

:: 나의 욕구를 채우는 예배

교회의 중심이 예수님이 아닌 인간의 욕구로 채워지면 탈이 납니다. 미국에서 9년 동안 이민 목회를 하면서 느꼈던 일입니다. 한국에서는 신앙생활을 하지 않던 사람들이 자신의 욕구를 충족하기 위해서 교회에 출석하는 경우가 많습니다. 그들은 한국에서 회사 중역이나 약사, 의사, 전문 엔지니어, 교사로 사회적으로나 경제적으로 안정적인 생활을 했었으나 미국에서는 영어를 유창하게 구사하지 못한다는 이유로 허드렛일을 하는 경우가 허다합니다. 그들에게는 욕구불만도 많고 하소연거리도 많습니다. 자신을 드러내고 싶고 자신을 마음껏 발산하고 싶은데 환경이 용납하지 않습니다. 그래서 교회를 찾는 경우가 많았습니다.

그들은 교회에서 미국의 심리학자 마슬로우A. H. Maslow 가 말한 인간의 5단계 욕구들을 채워 갑니다.

1단계는 생리적 욕구로, 교회에 가면 맛있는 한국 음식을 마음껏 먹을 수 있어서 식욕에 대한 욕구를 채울 수 있습니다. 게다가 공짜입니다. 이런 현상은 기숙사에 사는 한인 유학생들에게도 흔히 보이는 현상입니다.

2단계는 안전에 대한 욕구입니다. 그들은 거친 미국 사회, 소위 인종의 용광로라 불리는 미국 사회에서 안전을 만끽하고 싶어 합니다. 교회에 가면 적어도 한인들이 보호막과 울타리가 되어 주기 때문에 안심할 수 있습니다.

3단계 욕구는 소속감입니다. 그동안 미국 사회에서 외로이 살았는데 적어도 교회에 소속되면 한국어도 마음껏 사용하고 외롭지 않을 것 같습니다.

4단계는 인정과 존경을 받고 싶어 하는 욕구입니다. 미국 주류 사회에서 소외된 한국인들은 교회를 통해서 자신을 드러내며 인정과 존경, 칭찬을 받고 싶어 합니다. "내가 한국에 있을 때는 말이지……" 하며 화려한 자신의 과거를 거들먹거립니다. 교회가 겸손하고 낮추는 자들의 모임이 아니라 자신이 잘났다고 우기는 교만한 자들의 모임이 되고 말았습니다.

5단계 욕구는 자아실현입니다. 이는 주로 감투와 관련된 것으로, 교회의 직분을 섬기는 것이 아니라 쟁취하고 성취하는 것으로 생각하는 경우입니다. 교회가 이민자들의 욕구를 충족하는 수단이 될 때 분열 현상이 나타나게 됩니다. 그래서 어려움을 겪는 이민 교회들이 많습니다. 물론 모두가 그런 것은 아니지만 말입니다.

예수님도 우리가 교회에서 비본질적인 일, 즉 행사에 파묻히는 것을 원치 않는다고 말씀하셨습니다. 예수님께서 마리아와 마르다의 집에 오셨습니다. 예수님이 오시기 전부터 많은 준비를 했을 터이지만, 사람들이 몰려들자 준비한 것이 부족하다는 것을 깨달은 마르다는 황급히 부엌으로 가서 분주히 일합니다. 그런데 동생 마리아는 예수님의 발치에 앉아 말씀을 듣기만 합니다. 언니 마르다가 참다못하여 예수님께 하소연합니다.

"주여 내 동생이 나 혼자 일하게 두는 것을 생각하지 아니하시나 이까 그를 명하사 나를 도와 주라 하소서" 누가복음 10:40

다소 격앙된 어조로 말하는 마르다를 향해 예수님께서 말씀하셨습니다.

"마르다야 마르다야 네가 많은 일로 염려하고 근심하나 몇 가지만 하든지 혹은 한 가지만이라도 족하니라 마리아는 이 좋은 편을 택하

였으니 빼앗기지 아니하리라 하시니라" 누가복음 10:41-42

    교회는 결코 활동을 위한 곳이 아닙니다. 교회는 주님을 경배하고 그분의 말씀을 듣기 위한 처소입니다. 활동에 파묻혀서 주님을 상실하는 순간 위험에 빠지게 됩니다. 주님도 주님 없는 분주함을 기뻐하지 않으십니다.

    핵심을 놓치면 추한 모습으로 전락합니다. 암초가 많은 어느 해변에서 항로를 이탈한 배들이 좌초되는 일이 많았습니다. 어떤 사람이 좌초된 배에서 구사일생으로 목숨을 건진 것이 감사해서 그의 여생을 조난당한 사람들을 구조하고 돕기로 마음먹었습니다. 그는 해변에 조그만 막사를 설치하고 크고 작은 조난 가운데 인명을 살리고 돕는 일을 했습니다. 그의 취지에 동의하는 사람 몇 명이 그를 도왔고, 이들의 활약상이 언론에 대서특필되었습니다.

    언론 보도 이후 전국 각지에서 성금이 답지하고 자원봉사자의 지원 문의가 쇄도했습니다. 돈과 사람들이 몰리자 조직과 관리의 필요성이 제기되었고, 새 건물을 짓고 협회를 구성하고 후원금을 모금하는 등 분주해 졌습니다. 그러다 점점 본연의 목적을 상실하고 자체 기관을 유지하기에 급급해 졌습니다. 인명구조는 사람을 고용해서 대신하게 했습니다. 행정과 관리직이 비대해 졌습니다. 몇몇 사람은 환멸을 느껴 떠나갔습니다.

    어느 해, 대형 사고가 나서 수많은 사람이 죽어갈 때 이 단체는 큰 저

택에서 화려한 파티와 행사를 벌이는 웃지 못할 촌극을 연출했다고 합니다. 완전히 본말이 전도된 것입니다. 본질에 충실하지 못하면 이런 기이한 일이 벌어집니다. 교회도 역시 본질에 충실하지 못하면 추한 모습을 보여 세상 사람들의 손가락질을 받게 될 것입니다.

:: 예배의 본질

예수님이 물으십니다. "너희가 무엇을 보려고 광야로 나갔더냐?" 이 질문은 하나님께 나아 가는 일을 방해하는 장애물이 많다는 뜻도 포함합니다. 보이는 것 때문에 더 중요한 것을 보지 못하는 경우가 많습니다. 부수적인 것들이 본질적인 것을 보지 못하게 방해합니다. 사람들은 바람에 흔들리는 갈대나 부드러운 옷을 입은 사람도 아닌, 오직 선지자인 요한을 보러 가야 했습니다.

그러나 더 중요한 것은 그 선지자가 가리키는 예수 그리스도를 만나야 한다는 것입니다. 갈대와 사람과 선지자와 예수님을 구분할 수 있어야 합니다. 중요한 분은 예수님입니다. 초점을 주께만 맞추고 그분만 바라보아야 합니다. 예수님에게서 초점을 옮기게 하는 모든 것을 포기해야 합니다.

예배는 하나님을 구하는 적극적인 행위입니다. 열정을 가지고 예배장으로 나와야 합니다. 기대를 하고 나와야 합니다. 삶에서든 예배에서든 오직 예수님을 만나고 성령의 임재를 경험해야 합니다. 중심과 핵심을 잘 잡아야 합니다. 우리가 교회에 나온 목적의식을 항상 마음에 품고 있어야 합니다.

주님은 표피적이고 세상적인 것을 추구하는 경향이 있는 우리에게 물으십니다. "너희가 무엇을 보려고 나갔더냐?" 삶이든 예배든 우리의 마음과 뜻과 정성을 다해서 항상 예수님을 마음의 중심에 두고 나아갑시다.

Chapter 06 말씀 나누기

① '바람에 흔들리는 갈대' 를 보기 위해 나온 사람은 누구입니까?

② '부드러운 옷 입은 사람' 을 보기 위해 나온 사람은 누구입니까?

③ '선지자' 를 보기 위해 나온 사람은 누구입니까?

④ 당신은 예배에 어떤 목적을 가지고 나아 갑니까?

Chapter 06 은혜 나누기

① 하나님이 아닌 다른 것에 목적을 둔 예배의 경험이 있다면 말해
   봅시다.

② 예배를 통해 하나님의 임재와 은혜를 경험한 적이 있다면 나누어
   봅시다.

③ 하나님께 집중하는 예배를 방해하는 것이 무엇인지 나누고, 그 해
   결책을 위해 기도합시다.

chapter 07

—

말씀을 알 뿐 살지 않을 때, 예수님이 묻습니다
"네가 어떻게 읽느냐?"
누가복음 10:25-28

누가복음은 다른 복음서에 비해서 예수님께서 예루살렘으로 가는 최후의 여정을 길게 구성하고 있습니다. 공관복음서는 빌립보 가이사랴에서의 신앙고백 이후를 예루살렘을 향한 여정 국면으로 보는데, 누가는 상당히 이른 시점에 베드로의 신앙고백 기사를 배치했습니다.

예루살렘을 향해 내려가는 마지막 길에 있었던 일입니다. 어떤 율법 교사가 예수님을 시험하고자 일어났습니다. 당대의 서기관과 바리새인과 달리 예수님은 권세 있는 말씀과 가르침을 주셨고, 질병 치유와 축사 같은 많은 이적을 행하셨습니다. 예수님은 꽤 유명하셨습니다. "선생님 내가 무엇을 하여야 영생을 얻으리이까?" 이런 질문을 예수님께 한다는 것은 제대로 된 답을 찾을 기회가 왔다는 뜻입니다.

그러나 그 질문을 던진 사람은 이미 '모범 답안'을 갖고 있었습니다.

그가 순전한 마음으로 한 질문이라면 칭찬받아 마땅합니다. 하지만 실상은 그렇지 못했습니다. 당대의 신학계에서는 율법에서 가장 중요한 계명에 대한 논의가 백가쟁명식으로 있었고, 어느 정도 정리가 된 상태였습니다. 바리새파와 사두개파, 에세네파 등은 서로 간의 논쟁을 통해 자신의 견해를 분명히 해왔고 폐쇄적인 길을 걷고 있었습니다. 그는 그런 학문적인 풍토에 익숙한 율법학자로서, 예수님이 '이론은 얼마나 제대로 알고 있는지' 떠보고자 했습니다.

예수님께서는 그 질문에 간단하게 대답하실 수도 있습니다. 그러나 먼저 그에게 "율법에 무엇이라 기록되었으며 네가 어떻게 읽느냐?"라고 반문하셨습니다. 예수님께서 오히려 그가 얼마나 알고 있는지 물으신 것입니다. 이 질문을 통해 그 율법사가 내적으로 어떤 상태인지, 또 앞으로 어떻게 해야 할지를 알 수 있게 됩니다.

여기서 우리가 주목해야 할 점은, 예수님께서 율법사의 질문에 바로 답하지 않고 그가 읽은 책과 그의 해석을 되물으신다는 것입니다. 예수님의 질문은, 신앙은 '경건한 감정'일 뿐만 아니라 확고한 지식 위에 기반을 두어야 하고, 그 지식을 내면화해야 한다는 것을 알려 줍니다. 책 읽기는 이처럼 중요한 것입니다. 그렇다면 우리는 책을, 성경을 어떻게 읽어야 할까요? 예수님은 어떤 방식의 책 읽기를 추천하십니까?

이런 관점에서 우선 책 읽기에 대해 이야기해 보겠습니다. 책이 인간에게 주는 유익은 많습니다.

:: 책에 난 길

책은 인류의 총체적인 지식과 지혜의 축적물입니다. 그래서 과거를 돌아보고 미래를 설계할 때 사람들은 책의 도움을 받습니다. "사람은 책을 만들고 책은 사람을 만듭니다."라는 말처럼 현실이 막막하고 답답할수록 책을 펼쳐야 합니다. 사람이 길을 잃으면 자기도 모르게 더 빠른 속도로 달리게 되는데, 그렇게 되면 오히려 목표지점에서 멀어지거나 같은 자리를 맴돌게 됩니다. 길을 잃었을 때는 잠시 멈추어서 조용히 지나온 길과 나아갈 길을 생각해 보는 것이 중요합니다.

더구나 동행이 있다면 서로 의견을 나누는 것도 도움이 됩니다. 서로 길을 모르더라도 최소한 어떤 길이 아닌지는 알 수 있을 것이고, 그렇게 하다 보면 바른길을 찾을 확률이 높아집니다. 어려운 시기에는 방향 관리와 기초 다지기가 중요합니다. 책 읽기를 통해 이 두 가지를 동시에 할 수 있습니다.

책은 나아갈 방향을 제시해 주는 나침반입니다. 책 읽기는 길을 닦는 것이며, 기본적 인프라를 구축하는 것입니다. 책에 길이 있습니다. 대부분의 문제에 대한 해답이 책에 나와 있습니다. 이제 평생 교육의 시대가 되었습니다. 기존의 지식도 계속 업그레이드하지 않으면 퇴물이 되기 쉽습니다. 책에 새로운 길이 있습니다.

글은 저자와 독자와의 만남을 주선합니다. 책은 시간과 공간을 초월한 만남을 가능하게 합니다. 언어와 시대와 지역의 경계를 넘어 영향력을 미칩니다. 책은 옛사람을 무덤에서 불러냅니다. 책의 저자는 책을 통해 부활할 수 있습니다. 사무엘상 28장에 사울이 블레셋 군대를 두려워하며 엔돌에 신접한 여인을 찾아가 죽은 사무엘을 불러올리라고 요구하는 기사가 나옵니다 삼상 28:3-19. 얼마나 답답하면 그렇게까지 했을까요? 살아있을 때는 거추장스럽게 여기던 선지자를 말입니다.

책이라면 지나간 세대의 사람을 책상 앞으로 불러내어 대화할 수 있습니다. 책에는 지나간 세대의 신앙적 유산이 남아 있습니다. 신앙 고전을 읽는 것은 그래서 중요합니다.

:: 건강한 자화상 만들기

좋은 책은 지식과 정보를 줄 뿐만 아니라 '나'라는 존재를 형성해 줍니다. 책은 진정한 나를 찾아가는 길잡이 역할을 합니다. 좋은 글은 나보다 한 발 앞에서 나를 이끌어 주고, 내가 성장할 때 곁에서 언제나 새로움을 줍니다. 책 읽기를 통하여 자아가 확대되고 사고의 네트워크가 확장됩니다.

바른 책 읽기는 내 안에 있는 진정한 나를 만들어 가는 과정입니다. 그러므로 책 읽기에도 인식론적인 환대가 필요합니다. 낯선 손님을 초대하는 것은 모험과 불편함이 따르는 일이지만 그 일을 통해 새로운 세계를 만날 수 있습니다. 책장을 펴는 것은 새로운 세계의 문을 여는 것입니다. 익숙하거나 전공하는 분야에서 시작해 점점 책 읽기의 영역을 확대해 나가는 것이 좋습니다. 책 읽기는 잠재된 뜨거운 생명을 밖으로 불러내는 작업입니다. 내 인생의 책은 나 혼자만 쓰는 것이 아니고 하나님과 다른 사람들과 함께 쓰는 공동 작품입니다.

:: 책 읽기는 마중물 넣기

책은 나를 형성할 뿐만 아니라 내 안에 있는 것들을 이끌어내기도 합니다. 교육education의 목적은 잠재태를 현실태로 바꾸어 줍니다. 교육의 임무는 학생들에게 사실을 채워 넣는 것이 아니라, 학생들 내면에 있는 진리를 '밖으로 끌어내는' draw out 것입니다. 이것은 책 읽기의 목적과 같습니다. 책 읽기의 진정한 목적은 정보나 지식의 습득이 아니라 자신을 알아 가는 것입니다.

책은 진정한 자아를 찾아가는 내비게이션입니다. 책 읽기를 통하여 우리는 진정한 자아를 발견하고 계발해 낼 수 있습니다. 여기에서 책은 무한한 가능성을 지닌 자신을 탐구하는 지도요, 나침반입니다. 우리는 모두 해석을 기다리는 하나님의 위대한 작품들입니다. 우리 안에 있는 압축 파일을 여는 비밀 코드가 우리가 읽는 책에 담겨 있습니다.

저는 『삶을 변혁시키는 책 읽기』에서 마중물 넣기의 비유를 통해 책 읽기를 설명했습니다. 우리가 읽는 글이 마중물이고, 마중물의 목적은 우리 마음속 깊은 곳에 있는 풍부한 샘물을 길어 올리는 것입니다. 과거의 것을 넣고, 새로운 것을 꺼내는 것입니다. 묵은 물을 넣고, 새 물을 길어 냅니다.

글은 과거의 기억입니다. 그것을 읽고 나오는 생각은 미래를 향한 상상력입니다. 우리 안에는 수많은 책으로 풀어낼 수 있는 분량의 '물렁물렁한 책'이 저장되어 있습니다. 내 안에 있는 거대한 도서관은 이름을 불러 주어야만 그 정체를 드러냅니다. 책을 읽는 것은 엄밀한 의미에서 나를 읽는 것이고, 나를 불러내는 것입니다. 약간의 마중물을 넣고 엄청난 양의 샘물을 길어 내는 것입니다. 그러므로 책 읽기만큼 효율적인 투자도 없습니다.

:: 책 읽기는 신앙생활의 길잡이

영성 관리를 위해서도 책 읽기는 필수적입니다. 인도 속담에 "당신이 먹는 것이 당신이다."라는 말이 있습니다. 정신적 · 영적 양식도 마찬가지입니다. 우리가 읽는 정보들은 두뇌가 장기 저장 파일이나 단기 기억 파일에 저장했다가 필요한 때에 우리 자신의 것으로 나옵니다. 일상생활의 영성을 위해서 책 읽기만큼 좋은 수단은 없습니다.

매일 성경을 읽고, 신앙의 고전이나 실천적인 신앙서적도 골고루 읽다 보면 신앙생활에 좋은 안내를 받게 됩니다. 책 읽기는 거울처럼 자신을 더 잘 비춰 보게 하고 창문처럼 더 넓은 세상을 볼 수 있는 시야를 제공합니다. 책을 통해 시공을 초월하여 훌륭한 사람들을 많이 만날 수 있으며, 그들을 통하여 바른 생활과 신앙을 배울 수 있습니다.

성경 읽기는 우리 삶의 결을 다듬어 주고, 세상을 필터링할 수 있는 성경적 세계관을 심어 줍니다. 그러므로 아이들에게 성경 읽기는 필수입니다. 바른 성경 읽기는 성경으로 나를 읽고, 성경으로 세상을 읽게 합니다. 성경을 읽으면 성경의 거대한 이야기가 우리의 작은 이야기와 만나 창의적인 대화를 나눕니다. 성경을 우리의 이야기로 읽기 위해서는 유추적 상상력이 필요합니다.

:: 믿음을 키워 주는 책 읽기

기독교가 중시하는 것은 믿음입니다. 그런데 그 믿음이라는 것은 기억과 기대로 구성됩니다. 과거의 일과 하나님이 행하신 일들을 자세히 알아야 합니다. 과거에 일어난 일들은 얼마든지 오늘날에도 재현될 수 있습니다. "하나님은 어제나 오늘이나 영원토록 동일하시다!" 따라서 현실에서 어려움에 부닥치고 장애물을 만날 때마다 과거의 이야기를 들어야 합니다. 기억하는 만큼 우리의 믿음도 커집니다.

"너희가 아직도 깨닫지 못하겠느냐?"라고 책망하신 예수님의 말씀을 유념해야 합니다. 보리떡 다섯 개와 두 마리 생선으로 5천 명의 장정들과 사람들을, 보리떡 일곱 개와 두어 마리의 생선으로 7천 명의 장정들과 사람들을 먹이신 이적을 망각하여 떡을 걱정하는 제자들의 작은 믿음에 빠지지 않기 위해서는 기억해야 합니다.

또한 기억에는 기대가 담겨 있습니다. "내가 새 일을 행하리라" 말씀하시는 하나님은 과거를 바탕으로 새롭고 창조적인 일을 행하십니다. 그러므로 기억은 현재와 미래에 대한 기대를 잉태합니다. 그런 점에서 볼 때 성경 읽기는 믿음의 중요한 요소입니다.

:: 성경에 나타난 책 읽기

성경에도 책 읽기가 중요하게 언급되어 있습니다. 수넴 여인이 엘리사를 위하여 작은 방과 침상, 그리고 책상과 의자와 촛대를 마련해 준 것은 책 읽기를 위한 환경입니다왕하 4:10. 요시야 왕의 종교개혁은 새롭게 발견된 성경 읽기에서 시작되었습니다왕하 22-23장. 에디오피아 여왕 간다게의 국고를 맡은 내시가 마차를 타고 가며 성경을 소리 내어 읽고 있을 때 빌립은 복음의 접촉점을 마련할 수 있었습니다.

> "빌립이 달려가서 선지자 이사야의 글 읽는 것을 듣고 말하되 읽는 것을 깨닫느냐" 사도행전 8:30

바울도 디모데에게 책 읽기에 전념하라고 권합니다.

> "내가 이를 때까지 읽는 것과 권하는 것과 가르치는 것에 전념하

라" 디모데전서 4:13

　바울은 디모데에게 가죽에 쓴 책성경을 가져오라고 당부하기도 합니다딤후 4:13. 성경은 하나님의 감동으로 지어진 것이기 때문에 교훈과 책망과 바르게 함과 의로 교육하기에 유익하여, 하나님의 사람으로 온전하게 하고 선한 일을 행할 능력을 갖추게 합니다딤후 3:16–17.

: : 앎이 삶으로 연결되는 학습 혁명

　이처럼 책 읽기는 세속적인 삶뿐만 아니라 영성에도 필수적입니다. 그런데 안타깝게도 현대의 교육은 앎과 삶을 분리했습니다. 치열한 경쟁체제에서 교육이 산업화의 첨병 역할로 자리매김하다 보니, 인격적인 교육은 뒤처지고 폭력적인 교육 시스템이 나타나게 되었습니다. 공교육은 인격적이고 통합된 인간을 양성하는 대신 산업화의 역군을 빨리 생산해 내는 역할을 맡았습니다. 이처럼 교육은 경쟁성학생과 학생이, 일방성선생에서 학생으로, 소외성교육의 현재성 부재을 강화합니다.

　그러나 구속적 과정으로서의 교육은 개별성잠재력을 이끌어 내는 것, 쌍방성, 현재성새로운 삶을 창조하는 공간으로서 현재의 변화을 나타냅니다. 교육의 기초에 영성이 담겨야 합니다. 현대 교육의 효시인 과거의 수도원 교육의 세 가지 요소는 영적인 독서, 기도와 영성, 공동체 생활이었습니다. 그러나 현재 우리의 교육은 거기에서 많이 이탈했습니다.

참된 교육 방법으로 앎과 삶이 함께하는 책 읽기가 이뤄져야 합니다. 사람들은 대개 교육을 객관적인 지식이나 정보를 전달하는 것쯤으로 생각하는 경향이 있습니다. 현재의 교육은 아는 것과 사는 것을 분리했습니다. 살지 않으면서 가르치고, 실천하지 않으면서 배웁니다. 그래서 교육 현장에 과거와 미래는 있어도 현재의 변화는 보이지 않습니다.

그러나 본래 전통적인 교육은 앎과 삶, 학문과 인격이 서로 뗄 수 없는 밀접한 관계를 맺고 있었습니다. 앎이 삶으로 연결될 때에만 우리의 앎이 비로소 진리에 이를 수 있습니다. 진리는 앎이 삶으로 연결될 때에 나타나는 것입니다. 그리스적 진리는 인식의 진리로 '무엇'을 문제 삼지만, 히브리적 진리는 존재의 진리로 '누구'에 관심이 있습니다.

그러므로 진리는 '무엇'이 아니라 '누구'인가라는 생각이 더욱 정확합니다. 말하자면 진리는 소유적인 것이 아니라, 존재론적이고 인격적입니다. 여기에 성육신의 신비가 있습니다. 빌라도는 "진리가 무엇이냐?"라고 물었지만, 예수님은 "내가 곧 진리다."라고 말씀하셨습니다. 진리는 인격적으로 살아 있는 것입니다. 우리 교육의 진정한 목표는 참된 지식의 육화embodiment여야 합니다.

:: 성경을 먹으라

성경도 이처럼 읽어야 합니다. 읽은 것이 완전히 내면화되어야 합니다. 그래서 행동으로 드러나야 합니다. 읽은 것이 머리에서 가슴으로,

가슴에서 팔과 다리로 내려가야 합니다. 성경에는 말씀 두루마리를 먹는다는 구절이 몇 군데 있습니다.

"만군의 하나님 여호와시여 나는 주의 이름으로 일컬음을 받는 자라 내가 주의 말씀을 얻어 먹었사오니 주의 말씀은 내게 기쁨과 내마음의 즐거움이오나" 예레미야 15:16

에스겔 선지자도 사역의 초기에 환상 중에 하나님의 말씀 두루마리를 먹었다고 기록하고 있습니다.

"또 그가 내게 이르시되 인자야 너는 발견한 것을 먹으라 너는 이두루마리를 먹고 가서 이스라엘 족속에게 말하라 하시기로 내가 입을 벌리니 그가 그 두루마리를 내게 먹이시며 내게 이르시되 인자야내가 네게 주는 이 두루마리를 네 배에 넣으며 네 창자에 채우라 하시기에 내가 먹으니 그것이 내 입에서 달기가 꿀 같더라"

에스겔 3:1-3

다윗은 시편을 통해 하나님의 말씀이 달다고 표현했습니다시 119:103. 요한도 밧모섬에 유배되었을 때 환상 중에 성경책을 먹으라는 계시를 들었습니다.

"내가 천사에게 나아가 작은 두루마리를 달라 한즉 천사가 이르되 갖다 먹어 버리라 네 배에는 쓰나 네 입에는 꿀 같이 달리라 하거늘 내가 천사의 손에서 작은 두루마리를 갖다 먹어 버리니 내 입에는 꿀 같이 다나 먹은 후에 내 배에서는 쓰게 되더라" 요한계시록 10:9-10

요한은 성경을 먹은 다음 배앓이를 했습니다. 말씀을 읽기는 쉬웠으나 소화하기는 어려웠습니다. 이렇게 성경은 쉽게 읽힐 수 없는 책입니다. 이해가 쉽지 않아서가 아니라 읽은 대로 살기가 어려워서입니다. 책을 먹는다는 것은 받아들인다는 것이며, 우리의 조직에 동화시키고, 내면화한다는 것입니다. 실천한다는 의미입니다.

:: 예수님의 독서법

생활화를 위한 책 읽기는, 책의 내용을 인정하고 동의한다면 곧바로 어떤 행동을 취해야 할 의무를 가진다는 것을 명심해야 합니다. 글에서 얻은 지식과 정보가 깨달음과 감동으로 연결되고, 다시 인격을 빚어내고 새로운 행동을 촉발하는 것이어야 합니다.

율법사는 "내가 무엇을 하여야 영생을 얻으리이까?" 하고 물었습니다. 이 사람은 예수님을 '시험'하고 예수님께 '옳게' 보이려고 질문했습니다. 성경을 이용하여 자신을 과시하거나 예수님을 시험하려는 목적이 있었습니다. 그는 성경 지식이 많아 보입니다. 그러나 성경적으로 살지 않았습니다. 그는 말씀을 적절하게 인용할 줄도 알았습니다. 그러나 말씀은 인용으로 끝나는 것이 아니라 삶이 되어야 합니다.

사탄도 성경을 알고, 때로 인용합니다. 그렇다고 해서 믿음이 있는 것은 아닙니다. 우리가 성경을 이용하는 한 성경은 우리에게 말하지 않습니다. 성경은 적용해야 능력이 나타납니다. C. S. 루이스는 두 가지 독서법에 대해 말했는데, 하나는 자신의 목적을 위한 것이고, 또 하나는 저자의 목적을 받아들이기 위한 것입니다. 말씀을 '사용'하려고 하지 말고 '수용'해야 합니다. 기록된 말씀에서 사는 말씀으로 나가야 합니다.

그러므로 예수님은 "무엇이라 기록되었으며"라고만 묻지 않고 "네가 어떻게 읽느냐"라고 물으셨습니다. 우리는 무엇을 읽느냐와 어떻게 읽느냐에 의해 결정됩니다. 실제는 '무엇'에서 '어떻게'로 나가야 합니다. 제도권 교육은 '무엇'과 '어떻게'를 분리하고 있습니다. 이것은 '아는 것'과 '이해하는 것'도 분리합니다. 이해하지 못하면 응용할 수 없습니다. 이런 지식은 아주 허약하고 쓸모가 없습니다.

우리는 아는 것을 사는 것으로 착각하고 있습니다. 기록된 것을 아는 것도 필요하지만, 삶에 적용하는 것이 더 중요합니다. 율법사처럼 기록되어 있는 것만 아는 것은 반쪽짜리 진리도 못됩니다. 그 정도는 사탄도 할 수 있습니다. 사탄도 하나님과 예수님의 존재를 알고 있습니다. 사탄은 예수님을 유혹할 때 성경을 정확하게 인용했습니다.

우리는 성령의 사람이 되지 않고도 영적인 일에 아주 해박해질 수 있습니다. 본문의 율법사, 제사장, 레위인이 그렇습니다. 하나님의 말씀을 듣거나 읽는 동안 변화의 능력이 나타나 하나님의 일을 해야 합니다. 기록된 말씀이나 선포된 말씀에서 살아 계신 하나님의 말씀을 듣는 것입니다. 그러므로 성경을 읽을 때 '이것이 무엇을 의미하는가?' 보다 '내가 어떻게 순종해야 하는가?' 를 물어야 합니다.

율법사는 예수님의 질문에 "네 마음을 다하며 목숨을 다하며 힘을 다하며 뜻을 다하여 주 너의 하나님을 사랑하고 또한 네 이웃을 네 자신 같이 사랑하라 하였나이다"라고 대답했습니다. 이에 대해서 예수님은 "네 대답이 옳도다 이를 행하라 그러면 살리라"라고 말씀하셨습니다.

율법학자는 이미 진리를 알면서도 다른 사람에게 물어보아야 하고, 영생의 길을 알면서도 그 길을 제대로 걷지 못하는 어리석은 사람이 되었습니다. 그래서 자신을 옳게 보이려고 다시 질문합니다. 첫째 계명인 하나님을 온 존재로 사랑하는 것은 문제가 없는데 이웃 사랑에 대해서 의구심이 있다는 것입니다. "그러면 내 이웃이 누구니이까?"

예수님은 이 질문을 통해서 사랑은 지식이 아니라 삶의 문제라는 것을 밝히십니다. 예수님은 이웃의 정의를 내리는 것을 미루시고 제사장과 레위인, 사마리아 사람이 등장하는 한 이야기를 통해, 올바른 책 읽기를 알려 주십니다. 예수님이 선한 사마리아인의 비유를 통하여 가르쳐 준 독서법은 몸으로 읽는 것이었습니다. 바리새인과 그 비유에 등장하는 제사장, 레위인은 눈이나 머리로만 성경을 읽었지만 사마리아인은 온몸의 실천적인 행위로 성경을 읽었습니다.

예수님이 추천하신 책 읽기는 바로 착한 사마리아인의 책 읽기입니다. 이것이 말씀에 참여하는 독서입니다. 성경을 몸으로 읽는 것입니다. 거식증과 폭식증 모두 문제이듯이 말씀을 거부하는 말씀 기근, 말씀을 읽기만 하는 말씀 과식, 모두 문제입니다. "가서 너도 이와 같이 하라"는 말씀은 자신들이 처한 상황에서 말씀을 창의적으로 적용하라는 주문입니다.

예수님은 이웃을 사랑하라는 일반적인 계명이나 원칙보다는 선한 사마리아인의 이야기를 통하여 유추적 상상력을 자극하고, 각자 자신이 처한 상황에서 원래 이야기의 패턴을 따라 적합하게 활용하기를 기대하셨습니다. 착한 사마리아인의 비유를 읽었으면 착한 사마리아인처럼 살아야 합니다. 그러기 전에는 읽은 것이 아닙니다. 책 읽기는 멈춰 버린 삶에 생기를 불어넣는 작업입니다.

예수님은 비유 끝에 "네 생각에는 이 세 사람 중에 누가 강도 만난 자의 이웃이 되겠느냐?"라며 나오는 인물을 들어 구체적으로 물으셨습니다. 사마리아인이라고 대답해야 하지만 율법사는 자존심이 상했는지 그냥 "자비를 베푼 자니이다"라고 일반화하고 맙니다. 이것이 문제입니다. 예수님은 말씀에 구체적인 참여자가 될 것을 촉구합니다. 말씀의 육화를 촉구합니다. "너도 이와 같이 하라"고 말씀하십니다. '너도 사마리아 사람처럼 자비를 베푸는 사람이 되라.'는 뜻입니다. 이웃과 원수를 개념적으로 규정하는 것은 어리석은 짓입니다. 사랑조차도 개념으로 이해해서는 안 됩니다. 말씀을 아는 것이 아닌, 말씀대로 사는 것이 중요합니다.

:: '렉치오 디비나' (영적인 독서)

기독교의 전통적인 읽기 방식은 '영적인 독서' lectio divina입니다. 영적인 독서는 음식이 우리 위장으로 들어오듯 우리의 영혼으로 들어와서 혈관으로 퍼져 생명이 되는 독서입니다. 말씀을 정복하기 위해서가 아니라 말씀에 정복당하려고, 말씀을 비판하기 위해서가 아니라 말씀에 도전받으려고 읽는 것입니다. 성경을 '무릎 꿇고' 읽는 것입니다.

영적인 독서란 말씀이 나를 읽고 해석하도록 하는 것입니다. 말씀이 머리에서 가슴으로 내려가 손발로 나타나는 것입니다. 말씀이 우리 삶에 통합되어야 합니다. 만나는 만나 자체로 보관하면 상합니다. 생명이나 에너지로 변화시켜야 합니다.

하나님의 기록된 말씀이 각자의 말씀이 되어 우리 존재의 중심에 닻을 내리는 훈련이 필요합니다. 하나님이 우리 안에 지속해서 성육신하시도록 하는 것입니다. 말씀이 내 생각과 같은지 다른지를 따질 것이 아니라, 어떤 말씀이 나에게 직접 주시는 것인지 물어야 합니다. 기록된 말씀이 머릿속에 들어가 마음으로 내려가면 우리는 이전과 다른 사람이 됩니다. 말씀이 점차 우리 안에서 육신이 될 때 우리는 이전과 다른 사람이 됩니다.

지식보다는 깨달음지혜을, 정보보다는 영감을, 동의보다는 감동을 얻어내는, 지성과 영성을 함께 키우는 책 읽기를 해야 합니다. 책 읽기를 통해 영적인 안내를 받아야 하며, 책 읽기를 영적 관리의 가장 중요한 수단으로 삼아야 합니다. 책 읽기의 효과는 읽는 사람의 자세에 따라 달라집니다. 열린 마음과 깨어 있는 자세로 "이것이 나에게 무슨 의미가 있는가?" "어떻게 지금 상황에 적용할 수 있을까?"라는 질문을 부단히 하며 스스로 답을 찾아야 합니다.

그런 면에서 성경 말씀은 그 말씀을 듣고 읽는 사람의 결단에 크게 의존합니다. 하나님의 말씀이 죽느냐 사느냐는 읽는 사람에게 달려 있습니다. 밭의 비유에서 말씀의 씨가 밭에 따라 운명이 달라지는 것과 같습니다. 말씀이 내 삶에서 살아나야 합니다. 그렇지 않으면 성경은 존재가 멈춘 말씀과 같습니다. 우리의 문제는, 성경을 읽지만 성경이 우리 자신을 형성하도록, 즉 성경대로 살기 위해 성경을 읽지 않는다는 것입니다. 오늘도 예수님은 우리에게 질문하십니다. "네가 어떻게 읽느냐?"

Chapter 07 말씀 나누기

❶ 당신은 성경을 어떻게 읽습니까?

❷ 예수님은 성경을 누구처럼 읽어야 한다고 가르치십니까?

❸ 율법사와 제사장, 레위인과 사마리아 사람은 어떻게 다릅니까?

Chapter 07 은혜 나누기

❶ 영적 독서나 성경 읽기를 위해 어떤 노력을 하는지 나누어 봅시다.

❷ 기록된 하나님의 말씀이 내 삶에 나타나도록 함께 기도합시다.

❸ 성경이나 신앙서적 중에서 은혜받은 것을 나누어 봅시다.

❹ 독서 클럽을 만들어 책 읽는 운동을 전개합시다.

chapter 08

—

중요한 무엇이 빠진 것처럼 느껴질 때, 예수님이 묻습니다
"너희가 믿을 때에 성령을 받았느냐?"

사도행전 19:1-7

요즘 시대는 변화와 창조를 절실히 요구합니다. 변화와 창조가 없으면 번영은 고사하고 생존조차 불가능합니다. 하지만 인간 스스로 변화와 창조를 이룰 수는 없습니다. 오직 창조의 주님이신 하나님만이 하실수 있습니다. 그분이 인간과 함께하실 때, 혹은 은혜를 베풀어 주실 때에만 가능합니다. 그래서 우리는 성삼위 하나님인 성령님을 간절히 구합니다. 성령님께 우리의 자리를 내어 드리거나 성령님과 동역할 때 변화와 창조가 달성됩니다.

성령님은 구약의 맨 처음부터 나타납니다. 창세기 1장 1절에는 하나님의 우주 창조 선언이 나옵니다.

"태초에 하나님이 천지를 창조하시니라" 창세기 1:1

창세기 1장 2절부터는 하나님께서 어떻게 천지를 창조하셨는지에 대해 상술하는데, 주목해야 할 것은 '하나님의 영' 루아흐 엘로힘에 대한 대목입니다.

"땅이 혼돈하고 공허하며 흑암이 깊음 위에 있고 하나님의 영은 수면 위에 운행하시니라" 창세기 1:2

하나님의 영, 즉 성령은 창조의 영이셨습니다. 태초에 하나님이 천지를 말씀으로 창조하실 때, 성령은 수면 위에 운행하면서 만물에 질서를 부여하셨습니다. 또한 성령은 생명의 영입니다.

"하나님이 땅의 흙으로 사람을 지으시고 생기를 그 코에 불어넣으시니 사람이 생령이 되니라" 창세기 2:7

인간은 흙덩어리에 불과했는데 하나님의 호흡이 들어가자 생령이 되었습니다. 에스겔 골짜기에서 하나님의 바람이 불자 뼈들이 맞춰지고 큰 군대가 일어난 것도 하나님의 영이 생명의 영임을 증명합니다. 히브리어로 하나님의 영인 '루아흐'는 원래 호흡의 들이킴, 공기의 움직임을 뜻하는데, 이는 에너지와 권능과 생명을 뜻합니다.

:: 예수님이 주신 가장 큰 선물, 성령님

성경에는 성령에 대하여 세 가지 메타포metaphor, 즉 은유를 제공하고 있습니다. 첫째는 불같은 성령으로, 불은 맹렬함의 상징입니다. 그래서 때때로 성령은 능력을 상징하기도 합니다. 불같은 성령이 내려올 때 사람들은 능력이 강해집니다. 우리 안에서 하나의 에너지로서 새로운 일을 만들어 내고 이전에 경험해 보지 못한 기적 같은 일들을 성취해 내는 원동력입니다. 오순절 마가의 다락방에 모였던 120명의 문도들이 받은 성령이 바로 불같은 성령이었고, 그들은 성령의 능력으로 복음을 전파했습니다.

> "오직 성령이 너희에게 임하시면 너희가 권능을 받고 예루살렘과 온 유대와 사마리아와 땅 끝까지 이르러 내 증인이 되리라 하시니라" 사도행전 1:8

둘째는 바람 같은 성령으로, 바람은 변화를 일으킵니다. 변화의 바람 wind of change입니다. 바람 같은 성령은 침체되어 있던 땅에 새로운 운동을 일으킵니다. 우리 심령에 성령이 임할 때 우리가 중생하고 변화되며, 교회에 성령이 임할 때 구태를 벗게 되고, 이 땅 위에 성령의 바람이 불 때 부흥의 역사가 일어납니다.

셋째는 비둘기 같은 성령으로, 비둘기는 온유와 진실, 평화의 상징입니다. 비둘기 같은 성령이 임할 때 우리의 내면이 아름다워지고, 성령의 아홉 가지 열매로 우리는 그리스도의 향기가 나는 자, 하나님의 성품을 본받는 자가 됩니다. 이처럼 성령이 우리에게 임하시면 불같은 능력을 받고, 바람과 같은 변화를 경험하며, 비둘기 같은 아름다운 성품의 열매를 맺게 됩니다.

우리는 때로 성령을 생소하게 생각하고 멀리합니다. 구약에 보면 그 이유는 하나님께서 성령을 아주 특별한 사람에게만 주셨기 때문입니다. 특정한 사역을 위해, 특정한 시간에, 특정한 사람에게만 성령님을 부어 주셨습니다. 하나님은 자신의 기쁘신 뜻에 따라 모세, 사무엘, 기드온, 삼손, 다윗, 엘리야, 이사야 같은 사람들을 불러 성령을 주시고 위대한 사역을 감당하게 하셨습니다.

사울이 사무엘에 의해 이스라엘의 초대 왕으로 기름 부음 받았을 때 하나님의 영이 크게 내린 적이 있습니다. 성령이 임하자 그는 선지자들의 무리와 함께 예언했고, "사울도 선지자들 중에 있느냐?"라는 말이 생길 정도로 놀라운 사건이었습니다. 이처럼 하나님의 영은 아무나 받을 수 있는 것이 아니었습니다. 그러나 예언서에서는 모든 사람이 성령을 받게 될 것을 예언합니다.

"그 후에 내가 내 영을 만민에게 부어 주리니 너희 자녀들이 장래 일을 말할 것이며 너희 늙은이는 꿈을 꾸며 너희 젊은이는 이상을 볼 것이며 그 때에 내가 또 내 영을 남종과 여종에게 부어 줄 것이며" 요엘 2:28-29

"마침내 위에서부터 영을 우리에게 부어 주시리니 광야가 아름다운 밭이 되며 아름다운 밭을 숲으로 여기게 되리라" 이사야 32:15

"내가 다시는 내 얼굴을 그들에게 가리지 아니하리니 이는 내가 내 영을 이스라엘 족속에게 쏟았음이라 주 여호와의 말씀이니라" 에스겔 39:29

복음서에 보면 예수님께서도 성령을 언급하면서, 가장 좋은 선물인 성령을 하나님께서 주실 터이니 구하라고 말씀하셨습니다.

"너희 하늘 아버지께서 구하는 자에게 성령을 주시지 않겠느냐 하시니라" 누가복음 11:13

하나님이 주실 수 있는 최상의 것은 성령님입니다. 성령님은 모든 기도의 궁극적인 응답입니다. 모든 기도의 응답이 성령님 안에 있습니다. 그리고 예수님 자신이 바로 성령님의 원천입니다.

"명절 끝날 곧 큰 날에 예수께서 서서 외쳐 이르시되 누구든지 목마르거든 내게로 와서 마시라 나를 믿는 자는 성경에 이름과 같이 그 배에서 생수의 강이 흘러나오리라 하시니 이는 그를 믿는 자들이 받을 성령을 가리켜 말씀하신 것이라(예수께서 아직 영광을 받지 않으셨으므로 성령이 아직 그들에게 계시지 아니하시더라)" 요한복음 7:37-39

예수님께서 승천하시기 전에 땅에 남은 제자들에게 하신 명령은 성령을 받기 위해서 기도하라는 것이었습니다.

"볼지어다 내가 내 아버지께서 약속하신 것을 너희에게 보내리니 너희는 위로부터 능력으로 입혀질 때까지 이 성에 머물라 하시니라"
누가복음 24:49

"예루살렘을 떠나지 말고 내게서 들은 바 아버지께서 약속하신 것을 기다리라 요한은 물로 세례를 베풀었으나 너희는 몇 날이 못되어 성령으로 세례를 받으리라 하셨느니라" **사도행전 1:4-5**

요한복음에 따르면 예수님은 승천하기 전 고별 설교요 14-16장를 통해 성령께서 하시는 일에 대해서 자세히 설명해 주셨습니다. 예수님이 부활 승천하신 뒤에 그 자리를 성령께서 채우십니다. 하나님은 우리를 고아처럼 버려두지 않고 성령으로 함께하십니다요 14:18. 하나님이 성령님을 부어 주시지 않으면 우리는 아무것도 할 수 없습니다. 결국 성령님을 통하여 예수님의 사역이 이루어집니다. 예수님과 성령님의 관계는 전임자와 후임자 관계입니다.

하지만 예수님의 사역이 시공의 제약을 받았다면, 성령의 역사는 동시다발적으로 광범위하게 벌어질 것입니다. 그래서 심지어 예수님은 자신이 떠나는 것이 유익하다고 말씀하십니다요 16:7. 성령님은 성경에 기록되어 있는 모든 하나님의 역사를 현재화시키는 영이십니다. 기독교는 오늘도 살아 역사하시는 성령님 때문에 과거의 종교가 아닙니다. 아브라함, 이삭, 야곱의 하나님을 오늘도 살아 계신 나의 하나님으로 경험하게 해주시는 분이 성령님이십니다.

이런 성령의 약속은 성별과 나이, 배경, 인종, 피부색, 지위를 떠나 모든 사람에게 동일하게 주신 것입니다. 교회 시대를 사는 우리에게 성령님은 누구든지, 언제든지, 무슨 일을 위해서든 받아야 하는 영적 능력입니다. 바야흐로 성령의 민주화가 이루어진 것입니다.

:: 성령을 받아야 하는 3가지 이유

❶ 성령으로 해야 진정한 회개가 됩니다

요한복음 16장 8절에 성령님이 오시면 죄에 대해 책망하신다고 했습니다. 그 죄의 본질은 예수님을 믿지 않는 불신앙입니다. 성령님이 임해야 제대로 회개할 수 있습니다. 성령 없이 하는 회개는 피상적이고 진실성이 없습니다. 성령은 진실로 나를 책망하여 가슴을 치며 통회하고 자복하게 합니다.

오순절 마가의 다락방에서 성령충만함을 받은 베드로는 "새 술에 취하였다."고 조롱하는 사람들을 대상으로 설교하여 3천 명의 회심자를 얻었습니다. 성령의 역사 때문입니다. 성령께서 말씀을 전하는 자뿐 아니라 듣던 자들에게도 임하여 진정한 회개를 이끌어 내셨습니다. 베드로는 성령충만하여 진리에 대해서, 죄"너희가 그를 못 박아 죽였으나"에 대해서, 그리스도의 의"그러나 하나님이 죽은 자 가운데서 그를 살리셨으니"에 대하여, 심판"그가 사망에게 매여 있을 수 없었음이라"에 대해서, 주님의 승리와 대적들의 복종"주님의 영광"에 대해서 증언했습니다. 그 말씀을 듣던 사람들이 마음에 찔림을 받고 회개할 길을 찾았습니다.

성령의 역사는 회심과 회개의 세례 그리고 믿음과 용서로 이어집니다. 성령님이 죄를 깨닫게 하실 때 자복해야 합니다. 성령님은 다가올 심판을 알려 줍니다. 루터는 "사람이란 누구나 한번은 지옥을 체험해야 한다. 이 세상에서 성령의 책망으로 회개하는 지옥 체험이든지 아니면 죽은 후 영원히 해야 하는 지옥 체험이다."라고 말했습니다.

❷ 성령은 모든 진리 가운데로 인도하십니다

"진리의 성령이 오시면 그가 너희를 모든 진리 가운데로 인도하시리니 그가 스스로 말하지 않고 오직 들은 것을 말하며 장래 일을 너희에게 알리시리라"요 16:13 인간의 기억력은 짧고 망각하기 쉽다는 약점이 있습니다. 예수님께서 공생애 기간 동안 전하신 하나님의 말씀은 아직 기록으로 남겨진 것도 아니었습니다. 예수님이 승천하시면 그분의 가르침은 소멸될 수도 있었습니다. 그러나 성령이 임하여서 오히려 더 생각나고 깨닫게 해주셨습니다. "너희에게 모든 것을 가르치고 내가 너희에게 말한 모든 것을 생각나게 하리라"요 14:26

성령님은 진리의 영이시며 모든 것을 아십니다. "오직 하나님이 성령으로 이것을 우리에게 보이셨으니 성령은 모든 것 곧 하나님의 깊은 것까지도 통달하시느니라"고전 2:10 성경을 읽을 때 성령님께서 조명해 주시기를 구해야 하는 이유이기도 합니다. 성경의 원래 저자는 성령님이기 때문에 성경은 성령님이 가장 잘 아십니다. 그러므로 계시의 영이 역사해야 하나님의 말씀을 바르게 이해할 수 있습니다. 성령님은 하나님의 말씀을 이해하도록 개인지도를 해주십니다.

성령이 임재하시면 우리는 진리로 인도함을 받아 좌우로 치우치지 않게 됩니다. 성령님이 인도하시는 진리는, 예수님께서 하나님의 참 아들이시라는 것과 하늘과 땅, 땅 아래의 것들에 대한 권세를 지니신 만왕의 왕이시라는 것, 세상 만물이 예수님의 소유라는 것입니다. 그리하여 우리가 예수님과 하나님께 영광을 돌리게 합니다.

성령은 우리를 진리로 인도할 뿐만 아니라 우리 삶의 발길을 인도하시기도 합니다. 출애굽한 이스라엘 백성에게 낮에는 구름 기둥이, 밤에는 불기둥이 나타나 갈 길을 인도해 주었듯이 예수님을 믿는 자들에게는 성령님께서 좋은 길로 인도하여 주십니다. 그 길로 걸어가면 실패와 후회가 없습니다. 마침내 이 험한 세상을 지나 천국으로까지 우리를 인도하여 주실 것입니다.

성령님의 인도하심은 내비게이션의 원리로 설명할 수 있습니다. 내비게이션에는 이미 지도가 저장되어 있어서, 실시간으로 인공위성과 주고받는 정보가 나의 현재 위치를 지도 위에 표시하고 목표 지점에 나아가는 최적의 길을 화살표로 보여 줍니다. 기계 안에 있는 지도는 성경에 해당합니다. 인공위성과 주고받는 정보와 화살표는 성령의 역사에 해당한다고 볼 수 있습니다. 수신 상태가 양호한 장소를 운행하는 한 인도함은 계속될 것입니다.

❸ 성령님은 우리의 연약함을 도와주십니다

인간은 연약한 존재입니다. 그 아름다움이 언제 시들지 알 수 없습니다. 인간의 육신은 흙집 같아 언제 무너질지 모르고 마음은 흔들리는 갈대 같습니다. 하나님이 이렇게 연약한 인간을 그냥 내버려두신다면 천국에 가기 전에 우리는 모두 실족하고 말 것입니다. 승천하신 예수님은 우리를 고아와 같이 내버려 두시지 않고 성령님을 보내셨습니다. 그 성령님은 우리를 버리거나 떠나시지 않고, 항상 우리 곁에서 우리를 도와주십니다.

예수님은 성령님을 '다른 보혜사'라고 하셨습니다. 첫 번째 보혜사는 예수님 자신이며, 두 번째 다른 보혜사가 바로 성령이라는 의미입니다. 보혜사는 헬라어로 '파라크레토스'paracletos인데 '~의 옆에서'라는 뜻의 '파라'para와 '불림 받은 자'라는 의미의 '클레토스'cletos의 합성어입니다. 그러므로 '파라클레토스'는 '부름 받아 누군가의 옆에 서 있는 자'로 변호사, 위로자, 상담자, 안내자 등 다양하게 해석됩니다. 영어권에서는 보혜사를 comforter와 counselor라고 번역하는데, comforter는 '곁에서'com '힘'fortis이 되어 주는 자라는 뜻이며, counselor는 우리 영혼의 상담자, 안내자라는 뜻입니다. 성령님은 낙심한 자에게 새힘을 주시고, 마음이 상한 자를 위로하시며, 부족한 자에게 좋은 것으로 채워 주십니다.

> "성령도 우리의 연약함을 도우시나니 우리는 마땅히 기도할 바를 알지 못하나 오직 성령이 말할 수 없는 탄식으로 우리를 위하여 친히 간구하시느니라 마음을 살피시는 이가 성령의 생각을 아시나니 이는 성령이 하나님의 뜻대로 성도를 위하여 간구하심이니라"
>
> 로마서 8:26-27

:: 사도행전과 성령

누가는 데오빌로에게 그가 최근에 갖게 된 믿음을 확고하게 하려고 초대교회의 기원과 발흥을 밝히는 글을 썼습니다. 내용은 예수님의 행적과 이후 사도들의 활동상입니다. 처음에는 누가복음과 사도행전이 분리되지 않은 채 있었던 것 같습니다. 그런데 기독교의 정경화 과정에서 예수님의 지상 사역을 다루는 복음서the Gospel를 한데 묶음에 따라, 누가복음 부분이 떨어져 나가 누가의 글이 둘로 분리되었습니다.

사도행전the Acts of the Apostles에는 베드로와 바울이 집중적인 조명을 받고 있지만, 두 인물의 행적을 다룬다기보다는 '모든 사도'에 의해 복음이 어떻게 퍼지게 되었는지를 기술하고 있습니다. 사도행전은 정확히 말해서 '사도들의 행위들'이라고 복수형으로 번역해야 합니다. 그런데 많은 학자는 사도행전에서 하나님 나라 확장의 주체와 원동력은 사도들이 아니라 성령이라는 것을 발견했습니다.

따라서 사도행전은 성령행전The Acts of The Holy Sprit입니다. 성령은 우주를 창조했을 뿐만 아니라 하나님 나라의 표상인 교회도 창조하신 분입니다. 초대교회는 오순절 성령 강림행 2장을 기점으로 형성되고 발전합니다. 모든 지도자는 성령충만했고, 성령님은 그들에게 매일 용기와 능력을 부어 주었습니다. 교회 안에 강한 성령의 역사가 있었고, 성령의 능력으로 선교하였습니다. 물론 성령은 교회뿐만 아니라 구원 받은 각자의 삶을 인도하고 지도하십니다.

이제 성령 시대가 개막되었습니다. 기독교를 모든 철학적인 사변이나 모든 형태의 종교보다 우위에 서게 하는 것은 성령님의 독특한 사역 때문입니다. "이는 우리 복음이 너희에게 말로만 이른 것이 아니라 또한 능력과 성령과 큰 확신으로 된 것임이라"살전 1:5 말로 전해진 것은 지식을 더할지는 모르지만, 능력과 성령으로 전해진 말씀은 변화와 창조의 역사를 일으킵니다.

사도행전 18장 24절에서 19장 7절에 보면, 알렉산드리아 출신의 아볼로의 인격과 사역에 대한 소개가 나와 있습니다. 아볼로는 탁월한 인품과 훌륭한 교양, 불타는 열정, 해박한 성경지식을 갖추었을 뿐만 아니라, 진리에 대해 겸손했으며 언변이 좋은 설교가이자 교사요, 변증론자였습니다. 그러나 아볼로는 예수에 관한 것을 잘 가르치고 교인들에게 많은 유익을 주었지만, 요한의 세례까지만 알고 있었습니다.

예수님에 대한 것은 잘 알았지만 예수님 자체는 알지 못했습니다. 이런 믿음은 교양을 키우는 지성이나 성품을 좋게 하는 도덕성에 도움을 줄 수는 있지만, 생명을 살리지는 못합니다. 신앙생활의 가장 중요한 본질을 놓쳤기 때문입니다. 결국 아볼로의 사역은 성령의 능력이 아닌 육신의 에너지로 일하는 것입니다. 매력 있는 설교자이지만 능력 있는 설교자는 될 수 없습니다. 기독교는 신앙 체험, 특별히 성령 체험이 중요합니다.

로마 황제의 명령으로 로마에서 쫓겨난 브리스길라와 아굴라는 고린도를 거쳐 에베소까지 왔다가 아볼로를 만났습니다. 그 부부는 아볼로의 사역에서 무엇이 부족한지 알았고 그것을 보충해 주었습니다. "브리스길라와 아굴라가 듣고 데려다가 하나님의 도를 더 정확하게 풀어 이르더라"행 18:26 후에 아볼로는 은혜로 말미암아 믿는 자에게 많은 유익을 주었습니다.

바울은 자신의 3차 전도여행 당시 에베소에 당도하였고, 거기서 아볼로의 지도를 받았던 제자들을 만났습니다. 그들은 세례 요한을 따르던 제자들로서 모두 하나님을 잘 믿고 성경에도 해박했습니다. 그러나 그들은 세례 요한의 세례만 알았지 예수님의 죽음과 부활, 승천, 성령의 약속에 대해서는 알지 못했습니다. 오실 분에 대해 들었지만, 이미 오신 분은 알지 못했습니다. 과거의 죄를 씻기는 예비적인 '회개의 복음'은 들었지만, 십자가와 부활의 '구원의 복음'은 알지 못했습니다. 죄 사함을 주는 요한의 물세례는 받았지만, 예수님의 불과 생명의 성령은 받지 못했습니다. 그래서 바울은 그들에게 단도직입적으로 물었습니다.

바울: 너희가 믿을 때에 성령을 받았느냐?

에베소 교인: 아닙니다. 우리는 성령이 계심도 듣지 못하였습니다.

바울: 그러면 너희가 무슨 세례를 받았느냐?

에베소 교인: 요한의 세례입니다.

바울: 요한이 회개의 세례를 베풀며 백성에게 말하되 내 뒤에 오시는 이를 믿으라 하였으니 이는 곧 예수라.

예수님을 영접하지 않았기에 그들에게는 당연히 성령님의 임재함이 없었습니다. 그들은 오순절의 성령 강림의 역사와 성령 자체에 대해서도 들어본 적이 없다고 했습니다. 그들도 요엘서를 보았겠지만 경험한 바가 없으니 예언된 성령님의 사역과 약속을 알 도리가 없었습니다. 그들은 구약 시대에 사는 것이나 마찬가지였습니다. 복음서는 구약의 마지막 인물인 세례 요한에서 예수님에게로, 사도행전은 예수님에게서 성령님으로 나아가는 길을 보여 줍니다.

그들은 바울의 말을 듣고 예수님의 이름으로 세례를 받았습니다. 바울이 그들에게 안수하자 성령이 그들에게 임하여 방언도 하고 예언도 하게 되었습니다. 살아 역사하는 성령 하나님을 체험하게 되었습니다. 예루살렘 120문도들에게 임했던 오순절 성령 강림 사건의 에베소 버전이라고 볼 수 있습니다. 에베소의 오순절입니다. 예언과 방언의 은사가 나타나고행 19:7, 병과 악귀가 떠나는 치유의 능력이 나타나고행 19:11-12, 생활의 변화가 일어나고행 19:18-19, 말씀이 흥왕했습니다행 19:20. 사도행전 19장 23절부터 40절까지의 말씀은 성령의 역사가 사회에 끼친 선한 영향력의 파장을 보도하고 있습니다.

신자 개인 삶의 변화가 사회 전반의 변혁으로까지 영향을 미쳤습니다. 심지어 우상을 만들어 먹고 사는 조합원들이 시위하는 상황이 발생할 정도였습니다. 에베소에 성령님이 임하셨을 때 능력의 역사가 나타나고 가치관이 변화되고 문화가 변혁되고 말씀으로 부흥이 일어났습니다. 오늘 한국 기독교가 점집, 술집, 카지노, 음란물 장사를 위협하고 있습니까? 교회 때문에 장사가 되지 않는다고 그들이 교회 앞에 와서 데모한 적이 있습니까?

바울은 "십일조를 하느냐?" "성경을 규칙적으로 읽느냐?" "봉사는 얼마나 하느냐?"라고 묻지 않고 "너희가 믿을 때에 성령을 받았느냐?"라고 물었습니다. 이 질문은 우리 스스로에게도 해야 합니다. "나는 믿을 때에 무엇을 받았는가?" "내가 하나님을 믿는다는 증거가 있는가?" 그만큼 믿음생활에서 성령님이 중요합니다.

믿음생활은 성령님이 이끄시는 생활입니다. 바울처럼 저도 묻겠습니다. "믿을 때에 성령을 받으셨습니까?" 우리는 내 의지로 하겠다는 교만 때문에 성령 하나님의 역사에 무심했습니다. 또는 "성령이 계심도 듣지 못하였노라"행 19:2 하는 자도 있습니다. 우리가 전적으로 성령님의 역사에 의존할 수밖에 없다고 손들고 고백하기 전까지는 문제가 해결될 수 없습니다.

사도행전 8장 14절에서 17절에 보면, 사마리아도 하나님의 말씀을 받았다는 소문을 들은 예루살렘교회가 그 진상을 파악하기 위해 베드로와 요한을 사마리아로 보냅니다. 이전에 빌립이 사마리아 성에 가서 그리스도를 전했고 많은 사람이 예수님의 이름으로 세례를 받았습니다. 그러나 그들은 하나님의 말씀과 세례를 받았을 뿐 성령세례는 받지 않았습니다.

이 소식을 들은 베드로와 요한은 사마리아로 가서 그들에게 안수하며 간절히 기도했고, 그들이 성령을 받았습니다. 이처럼 초대교회는 믿는 자라면 '당연히' 성령을 받아야 한다고 생각했습니다. 성령님이 아니시면 구원을 받을 수 없을 뿐만 아니라 거룩한 삶, 차별화된 삶, 하나님 나라를 지향하는 삶을 살 수 없기 때문입니다.

"만군의 여호와께서 말씀하시되 이는 힘으로 되지 아니하며 능력으로 되지 아니하고 오직 나의 영으로 되느니라" 스가랴 4:6

물세례는 구원의 증표이며, 성령세례는 구원받은 사람이 능력 있는 증인이 되는 은혜의 역사입니다. 어설프고 게으르던 교인의 부끄럽던 믿음이 변화하여 능력 있는 삶으로 나타납니다. 성령세례를 받아야 담대한 하나님의 증인이 될 수 있습니다. 베드로도 복음서에서는 물세례를 받는데 그쳤지만 행전에서 성령세례를 받습니다.

복음서에 기록된, 어린아이 앞에서도 예수님을 부인하는 베드로의 태도와 사도행전에 기록된 그의 순교자적 삶은 바로 이런 차이에서 비롯된 것입니다. 주님의 제자들은 3년간 예수님과 동행하면서 보고, 배우고, 경험하고, 습관화했지만 막상 십자가 사건이 벌어지자 다 도망쳤습니다. 믿음으로 중생은 했지만 능력은 없었습니다. 그래서 예수님께서 "예루살렘을 떠나지 말고 내게서 들은바 아버지께서 약속하신 것을 기다리라"고 분부하셨습니다행 1:4.

물론 물세례와 성령세례는 동시에 받을 수도 있고 시차가 발생할 수도 있습니다. 예수님은 물세례와 성령세례를 동시에 받으셨습니다. 물세례를 받고 신앙생활을 하다가 성령세례를 받는 예도 있습니다. 혹은 고넬료의 가정처럼 성령세례를 먼저 받고 물세례를 받는 예도 있습니다.

:: 성령충만한 사람의 자세

성령세례를 받을 때는 물론 체험도 동반합니다. 뜨거운 체험, 은사 체험, 회개의 역사 등이 그것입니다. 성령을 받아 힘을 얻고, 인도를 받고, 변화를 받고, 그리스도에게 영광을 돌리고, 능력을 얻으며, 주의 일을 하고, 그분의 뜻에 순종하며 주님을 닮은 모습으로 성장하게 됩니다. 세상을 이길 힘을 얻습니다. 신자가 신자다워집니다.

그렇다고 해서 성령을 하나님의 능력 정도로만 생각해서는 안 됩니다. 성령은 성삼위 하나님이시며 인격적인 분이십니다. 비인격적인 힘이나 맹목적인 에너지가 아닙니다. 단순히 은사를 주시고 열매를 맺게 하는 도구가 아닙니다. 그분은 생각하시고행 15:28, 말씀하시며행 1:16, 인도하시고롬 8:14, 슬퍼하십니다엡 4:30. 보고, 듣고, 느끼십니다. 의지와 지성, 감성, 지식, 동정심이 있습니다.

그러므로 우리는 성령님을 인격적으로 존중하고 모셔 들여야 합니다. 그럴 때 성령님도 우리 안에서 역사하실 수 있습니다. "성령을 소멸하지 말라." "성령을 근심되게 하지 말라." "성령을 따라 행하라."는 표현은 모두 인격적인 성령님을 사모하며 그분과 교제해야 한다는 뜻입니다.

성령세례를 받은 자는 성령충만을 받는 데로 나아가야 합니다.

> "술 취하지 말라 이는 방탕한 것이니 오직 성령으로 충만함을 받으라" 에베소서 5:18

성령세례와 성령충만은 다릅니다. 성령세례는 즉각적이고 일회적입니다. 반면 성령충만은 점진적이고 반복적입니다. 성령세례가 스펀지에 물을 붓는 것이라면 성령충만은 스펀지를 물에 담그는 것입니다. 비유컨대 성령세례는 겉만 빨간 사과요, 성령충만은 속까지 빨간 토마토입니다. 요약하면 성령충만은 우리 자신을 성령으로 꽉 채우는 것입니다. 술에 취하면 술의 노예가 되어 그 영향력 아래에 살아가듯, 성령으로 흠뻑 젖으면 성령의 힘과 뜻대로 살 수 있습니다.

성령의 충만함을 받는 것은 선택사항이 아니라 필수사항입니다. 또한 '받으라.'는 동사의 헬라어는 현재형을 사용하고 있는데, 이는 날마다 우리가 말할 때나 눈을 깜빡일 때나 성령님을 의식하라는 뜻입니다. 술기운과 마찬가지로 성령의 임재도 한 번 받았다고 영원히 지속되는 것이 아닙니다. 우리는 매 순간 깨어 성령충만을 위해서 간절히 기도해야 합니다. 성령님에 대한 거룩한 갈망이 있어야 합니다. 성령충만하면 회개와 인격과 생활의 변화로 나타납니다슥 12:10-14; 갈 5:22-23; 엡 5:18-6:9. 복음을 전파할 때 큰 능력이 생깁니다행 1:8. 영적 전쟁에서 승리하게 됩니다엡 6:10-20.

사도행전에는 성령을 받는 몇 가지 경우를 보여 줍니다. ❶ 기도할 때 성령을 받습니다. 오순절 120명의 제자들이 기도하던 중 불같은 성령을 체험했습니다행 1:14. ❷ 회개할 때 성령을 받습니다행 2:38. 오순절 베드로의 설교를 듣던 사람들이 마음에 찔려 회개할 때 성령이 임했습니다. ❸ 말씀을 들을 때 성령을 받습니다행 10:44. 가이사랴의 백부장인 고넬료와 그의 가족들이 베드로의 말씀을 듣고 있을 때 성령이 그들에게 내려왔습니다. ❹ 안수할 때 성령을 받습니다행 19:6. 바울이 에베소에서 제자 열두 명을 예수님의 이름으로 세례를 주고 안수하자 성령이 임하여 그들이 방언과 예언을 했습니다.

성령으로 충만해졌으면 그것을 잘 관리하는 것도 중요합니다. 성령을 받는 것보다 성령충만을 유지하는 것이 더 어려울지도 모릅니다. 성령으로 시작해서 육체로 마칠 수는 없습니다. 성령충만을 계속해서 유지하려면 말씀 읽기와 기도를 게을리하지 않고, 주님 안에서 순종하는 거룩한 삶을 살아야 합니다. 구별된 생활을 포기하면 삼손처럼 능력이 사라집니다. 죄가 들어오고 방종에 빠지면 교만 때문에 능력을 잃습니다. 기도를 게을리하고 말씀 읽기를 소홀히 하면 능력이 사라집니다.

초대교회의 복음 전도자가 에베소에 갔을 때 제자들에게 한 질문은 오늘날 우리에게도 해당합니다. "너희가 믿을 때에 성령을 받았느냐?" 성령을 주시는 것, 성령충만을 받는 것은 하나님의 뜻이요 명령입니다. 하나님은 우리에게 성령을 주기 원하십니다. 성령충만하십시오. 이 좋은 선물을 놓치지 마십시오. 주실 것을 믿고 간절히 기도하면 반드시 주십니다.

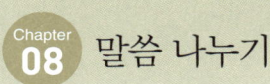

Chapter 08 말씀 나누기

❶ 아볼로를 누가 지도해 주었습니까? 행 18:26
❷ 아볼로는 에베소에서 성경을 잘 가르쳤으나 무엇이 부족했습니까? 행 18:24-25, 19:28-29
❸ 바울은 무슨 사역을 하였습니까? 행 19:4-7

Chapter 08 은혜 나누기

❶ 성령을 받았을 때 자신의 삶이 어떻게 변하였는지 말해 봅시다.
❷ 어떻게 하면 내 삶에서 성령충만을 유지할 수 있을지 이야기해 봅시다.
❸ 성령충만을 받기 위해 기도합시다.

The Great Question of Jesus

Part 3

생명 되시는 예수님

예수님의
위대한 질문

대답하여 이르시되 나도 한 말을 너희에게 물으리니 내게 말하라
– 누가복음 20:3

—

나 자신이 하찮게 느껴질 때, 예수님이 묻습니다
"무엇을 주고 자기 목숨과 바꾸겠느냐?"

마가복음 8:34-38

生화학자 돌푸 빈더 박사는 흥미로운 시험을 했습니다. 150파운드68kg 나가는 사람의 육체에서 유용한 물질을 추출해 보는 것입니다. 결과는 다음과 같습니다. 화장실을 청소할 만큼의 석회, 못 한 개 정도의 철, 찻잔 하나 정도의 설탕, 세숫비누 세 개를 만들 수 있는 만큼의 지방, 성냥개비 다섯 곽대략 2천 200개을 만들 수 있는 정도의 인, 한 숟가락의 황, 30g쯤의 비철 금속, 그리고 소량의 코발트, 알루미늄, 주석, 티탄, 붕소 등이 나옵니다.

약국에 가면 그것을 2달러 98센트에 살 수 있다고 합니다. 인간의 물질적 가치는 2달러 98센트에 불과합니다! 닭 한 마리 값어치에도 못 미칩니다. 그러나 우리는 빈더의 결론에 동의할 수 없습니다. 인간은 그보다 훨씬 값진 존재이기 때문입니다. 그렇다면 인간은 얼마나 값어치 있는 존재이며, 그 가치는 어디에서 나오는 것일까요? 예수님은 바로 그런 질문에 답하고 계십니다.

마가복음 8장 34절에서 38절은 공관복음서에 모두 기록되어 있는 중요한 말씀입니다. 이 말씀을 하신 곳은 빌립보 가이사랴였습니다. 배경을 이루는 일련의 내용을 간추려 보면 다음과 같습니다. ❶ "예수님은 누구신가?"라는 질문과 답변27-30절입니다. 베드로는 "주는 그리스도시요 살아 계신 하나님의 아들입니다."라고 고백합니다. ❷ "그리스도는 무엇을 하는 분인가?"라는 질문의 답변입니다. 그리스도의 지상사역30-33절은 고난을 받고 죽임을 당한 지 3일째 되는 날에 살아나는 것입니다. 이것을 이해하지 못한 베드로가 주님께 항변하다가 책망받기도 합니다. 그런 후에 ❸ "예수님의 제자가 된다는 것은 무엇을 의미하는가?"라는 참된 제자도에 대한 말씀34-38절입니다. 예수님의 제자는 자기를 부인하고 자기 몫의 십자가를 지고 예수님을 따릅니다.

베드로가 예수님으로부터 극찬을 받았다가 곧바로 '사탄'이라는 책망을 받은 것은 온전한 믿음을 갖지 못했기 때문입니다. 베드로는 예수님의 신적 본성에 대해서는 올바르게 고백했지만, 그분이 하셔야 하는 사역은 받아들이지 못했습니다. 말과 삶이 불일치한 신앙고백이었기에 베드로는 천국과 지옥을 동시에 경험했습니다. 온전한 믿음은 예수님의 신격과 사역을 동시에 믿는 것입니다. 그렇게 하면 예수님을 온전히 따르는 제자가 될 수 있습니다.

그리스도의 사역과 제자직의 공통분모와 핵심은 십자가에 있습니다. 그리스도는 십자가를 지심으로써 자기의 생명을 나누어 주셨고, 그로 인해 온 인류가 참 생명을 얻었습니다. 제자들은 그 큰 구원, 즉 생명을 전파하며 헌신의 십자가를 지고 가는 자들입니다. 그러므로 십자가의 길은 '죽음의 길' 같지만 실상은 '생명의 길' 입니다.

베드로는 아직 이 사실을 깨닫지 못했기에 인간적 육정으로 예수님의 앞길을 막고 나섰습니다. 오해하는 무리와 제자들에게 예수님은 분명하게 말씀하십니다. '나의 제자가 된다는 것은 자기를 부인하고 자기 십자가를 지고 나를 따르는 것' 이라고 말입니다. 유한한 세상적 영광이 아닌 십자가의 길이 바로 제자도의 본질입니다. 그 이유에 대해서 예수님은 생명의 법칙과 가치, 그리고 목적 이렇게 세 가지로 말씀하셨습니다.

: : 생명의 법칙

"누구든지 제 목숨을 구원하고자 하면 잃을 것이요 누구든지 나를 위하여 제 목숨을 잃으면 찾으리라" 마태복음 16:25

이 말씀에는 자기 목숨을 자기 뜻대로 할 수 없다는 철칙이 들어 있습니다. 자기 목숨을 구원하고 싶지 않은 사람이 어디 있겠습니까? 그러나 원한다고 다 되는 것이 아닙니다. 왜냐하면 생명은 '우리의 것' 이 아니기 때문입니다.

사람들은 생명을 연장하고 보장받기 위해서 발버둥치지만 머리카락 하나도 희고 검게 할 수 없으며, 키를 한 자도 늘이거나 줄일 수 없습니다. 세상의 어떤 것도 사람의 목숨을 보장해 줄 수 없습니다. 인간의 목숨은 돈으로도, 권력으로도, 지식으로도, 명성으로도 못 살립니다. 그래서 모든 인생은 죽음 앞에서 평등합니다. 그러나 그 평등은 무기력한 평등일 뿐입니다.

오직 생명의 공급자만이 생명을 보장해 줄 수 있습니다. 마치 물건을 만든 회사에서 품질을 보증해 주듯이 말입니다. 인간을 창조하신 하나님만이 인간의 생명을 보장해 주십니다. 창조주 하나님이 바로 은혜의 복음으로 죄악과 사망에 빠진 우리를 살게 해주십니다. 예수님께서 말씀하셨습니다.

> "나는 부활이요 생명이니 나를 믿는 자는 죽어도 살겠고 무릇 살아서 나를 믿는 자는 영원히 죽지 아니하리니 이것을 네가 믿느냐"
> 요한복음 11:25-26

한편 이 말씀 속에는 중대한 역설이 들어 있습니다. 우리가 생명을 버릴 때 비로소 얻는다는 것입니다. 물론 이순신 장군도 이와 비슷한 말을 한 적이 있습니다. '필사즉생 필생즉사' 必死則生 必生則死, 즉 죽기를 각오하면 살 것이요, 살고자 하면 죽는다는 뜻입니다. 아무리 전세가 불리해도 죽기를 각오하고 싸운다면 이길 수 있다는 의미입니다. 이순신 장군은 이런 말로 수군을 독려함으로써 열세 척의 전선으로 133척의 왜군 함정을 격퇴시킨 명량대첩을 일구었습니다.

이처럼 사력을 다하면 승리를 얻을 수는 있지만, 이 역시 영원한 생명을 얻는 것과는 별개입니다. 오직 '예수님과 복음'을 위해서 육적 생명을 내려놓을 때에만 영원한 생명을 얻을 수 있습니다. 구원은 스스로 노력하여 얻는 것이 아니라 주님을 위하여 목숨을 바칠 때 주어집니다. 베드로와 스데반, 짐 엘리엇, 문준경 같은 믿음의 선배들이 모두 그렇게 죽어 영원히 살았습니다. 단순히 자신을 부인하는 것이 아니라 더 나은 긍정을 바라고 자신을 내려놓은 것입니다.

우리의 생명은 천하보다 귀하지만 예수님은 우리 생명보다 귀한 분입니다. 우리의 생명은 오직 예수님 외에는 바칠 대상이 없습니다. 오직 하나님만이 우리의 생명을 보장해 줄 수 있습니다. 이것은 '버려서 얻는 것'입니다. 생명은 얻고자 하면 잃고, 잃고자 하면 얻습니다.

:: 생명의 가치

"사람이 만일 온 천하를 얻고도 제 목숨을 잃으면 무엇이 유익하리요 사람이 무엇을 주고 제 목숨과 바꾸겠느냐" 마태복음 16:26

위의 말씀에서 '온 천하'는 세상에서 가치 있다고 여기는 모든 것들의 총합입니다. 지위, 권력, 물질, 명예, 아름다움, 지식, 향락, 건강……. 사실 이것들은 못 얻어서 난리이지만 다 얻었다 한들 목숨과는 바꿀 수 없는 것들입니다. '온 천하'를 양팔 저울의 한쪽에 놓고 다른 한쪽에 목숨을 놓으면 어느 쪽으로 기울겠습니까? 목숨이 온 천하보다 더 무겁습니다.

❶ 왜 목숨을 온 천하에 비교하였을까요?

사람들이 이 둘 사이에서 어리석은 거래를 하면서 살기 때문입니다. 영혼의 가치를 모르고 살기 때문입니다. 무엇이 우선인지 모르기 때문입니다. 분명한 사실은 내 목숨이 온 세상보다 중요하다는 것입니다. 영혼이 천하보다 귀하다면 왜 영혼을 잃으면서까지 세상을 얻으려고 애를 쓰는 것입니까? 영혼이 1억보다 귀하다면 왜 1억을 얻기 위해 영혼을 잃는 위험을 감수합니까?

지혜롭고 현명한 자는 이런 사실을 깨닫고 인생의 목적을 달리합니다. 자신의 생명을 얻는 일, 이것을 인생의 영순위로 삼습니다. 생명을 얻기 위해 물질과 시간, 재능, 지위를 투자해야 합니다. 가장 중요한 투자는 영혼을 위한 투자여야 하며, 영혼이 인생의 초점이 되어야 합니다. 어리석은 흥정은 쾌락이나 물질, 명예를 위하여 영혼을 잃는 것입니다. 어리석은 인생은 창기처럼 자기의 육체를 팔고 급기야 영혼까지 파는 영적 간음에 도달합니다.

우리는 곳곳에서 이런 어리석은 사람들을 자주 봅니다. 가룟 유다는 예수님을 은 30냥에 팔았습니다. 그는 예수님을 팔아넘기기 위해서 대제사장과 흥정도 했습니다. 하나님의 아들이시며 메시아 되신 분, 자기 백성을 구원하기 위해 오신 세상의 구원자, 온유하고 겸손하신 분, 한량없는 지혜와 사랑이 넘치시는 분을 단돈 은 30냥에 팔아넘긴 것입니다. 그 일로 가룟 유다는 만고의 배신자의 대명사가 되었습니다.

"인자는 자기에 대하여 기록된 대로 가거니와 인자를 파는 그 사람에게는 화가 있으리로다 그 사람은 차라리 태어나지 아니하였더라면 제게 좋을 뻔하였느니라" 마태복음 26:24

누가복음 12장에 나오는 부자도 어리석기는 마찬가지입니다. 재물을 쌓아두고 하나님 안에서 부요하지 못하면 어떤 결과가 나오는지 알게 해줍니다. 풍성한 수확으로 마음이 기쁜 그는 곳간을 헐고 크게 지을 생각에 골몰합니다. 그러나 하나님은 말씀하십니다. "어리석은 자여 오늘 밤에 네 영혼을 도로 찾으리니 그러면 네 준비한 것이 누구의 것이 되겠느냐?"라고 말입니다.

풍성한 물질로 자기도취와 자기기만에 빠져 영혼을 돌보지 못한 자가 처할 운명은 비참함과 황망함 그 자체였습니다. 그는 재물과 영혼을 바꾼 자였습니다. 독일의 대문호 괴테Johann Wolfgang Goethe가 쓴 『파우스트』에도 그와 같은 인물이 나옵니다. 주인공 파우스트는 평생 지식을 추구한 학자로 살아왔지만 확실한 지식은 얻지 못한 채 청춘을 소모하고 말았다는 자괴감에 빠졌습니다. 그래서 자신의 영혼을 걸고 악마 메피스토펠레스와 계약했습니다. 악마는 그의 젊음을 되돌려 주고 온갖 쾌락을 만끽하게 해주었습니다. 그러나 24년이 지난 후, 파우스트는 그 계약이 정말 어리석은 것이었음을 뼈저리게 느낍니다.

　영국 런던 시내의 악기점에 남루한 차림의 한 사람이 들어왔습니다. 그는 헌 바이올린 한 대를 들고 와 "저는 배가 고파서 견딜 수 없습니다. 제발 이 바이올린을 팔 수 없을까요? 얼마라도 좋습니다." 하고 간청했습니다. 악기점 주인은 1기니5달러를 주고 바이올린을 샀습니다. 그 사람이 떠난 후 무심코 바이올린을 켜본 악기점 주인은 풍부한 선율과 음색에 깜짝 놀라, 급히 바이올린을 이리저리 관찰했습니다.

　먼지투성이의 바이올린 속을 들여다보고 또 한 번 놀라지 않을 수 없었습니다. 그곳엔 기절할 만한 글자가 적혀 있었기 때문이었습니다. "Antonio Stradivari, 1704"안토니오 스트라디바리, 1704년 제작. 악기점 주인은 그 바이올린이 행방불명되어 200년 동안 많은 사람이 찾으려고 애썼던 거장 스트라디바리의 바이올린임을 알게 되었습니다. 얼른 밖으로 나가 바이올린을 판 사람을 찾으려 했으나 허사였습니다. 무려 10만 달러를 호가하는 바이올린을 몇 끼의 식사 값에 팔아 버린 것입니다. 이처럼 가치를 모르는 자는 어리석은 거래를 하게 됩니다.

　생명이 천하보다 귀합니다. 당장 어리석은 거래를 중지하십시오. 우리 영혼의 그릇에 천하를 다 부어도 차지 않습니다. 그 자리는 하나님의 자리입니다. 하나님만이 채우실 수 있습니다. 그런데 그곳이 비어 있기 때문에 다른 무언가를 갈망하는 것입니다. 천하의 모든 것으로도 채워지지 않는 생명이 하나님으로만 채워집니다.

❷ 생명의 가치는 어디에 있는 것일까요?

생명의 가치는 육체에 있는 것일까요? 인간의 육체는 2달러 98센트 입니다. 그러나 다행히도 인간의 참가치는 영혼에 있습니다. 그릇은 무엇을 담느냐에 따라 가치가 달라집니다. 술병에는 술이, 보석함에는 보석이, 밥통에는 밥이 담겨 있습니다. 우리는 질그릇에 담긴 보화입니다. 육체의 질그릇은 깨지기 쉬운 연약한 것이지만 그 안에 담긴 생명은 귀합니다.

우리의 생명은 우리가 하나님을 위해서 무엇을 했느냐가 아니고 그리스도가 우리를 위해 무엇을 하였느냐에 따라 가치가 달라집니다. 우리의 생명은 예수님이 자신을 맞바꾸어 주신 생명입니다37절. 우리는 얼마짜리입니까? 우리는 예수님짜리입니다. "그리스도께서 대신하여 죽으신 형제를 네 음식으로 망하게 하지 말라"롬 14:15고 바울도 경고하듯이, 우리 생명은 하나님의 아들, 예수님의 목숨과 맞바꾼 것입니다.

가치를 보는 눈이 있어야 합니다. 마태복음 13장에 나오는 '밭에 감추인 보화 비유'와 '값진 진주 비유'는 바로 가치를 보는 눈에 대해 말씀하고 있습니다. 한 소작농이 밭을 갈다가 보화를 발견했습니다. 그는 기뻐하며 돌아가서 자기의 소유를 다 팔아 그 밭을 샀습니다. 진주를 구하는 상인이 어느 날 매우 값진 진주 하나를 발견했습니다. 그는 자신의 소유를 다 팔아 그 진주 하나를 샀습니다. 이들에게는 가치를 볼 수 있는 눈발견, 가치를 위한 투자소유를 다 팔아, 그것을 자신의 것으로 만드는 결단이 있었습니다.

❸ 가치에 걸맞은 삶은 어떤 삶일까요?

우리 생명의 가치가 영혼에 있고, 이 영혼이 온 천하보다 귀중하다면, 우리의 가치관도 달라져야 하지 않을까요? 이스라엘을 애굽에서 구하신 하나님은 십계명을 통해 이스라엘 백성에게 가치의 우선순위를 가르쳐 주십니다. 계명의 순서대로, 하나님-생명-물질 순입니다. 하나님을 위해 생명을 바치는 것은 숭고한 행위입니다. 하나님이 우리의 생명 위에 계시기 때문입니다.

그러나 물질을 위해 생명을 바치는 것은 어리석은 짓입니다. 물질은 우리의 생명 아래에 있기 때문입니다. 우리의 생명은 하나님을 섬기며, 이웃을 사랑하며, 물질을 다스리며 살도록 지어졌습니다. 이것이 하나님의 창조질서입니다. 이러한 질서를 깨트리는 것이 죄입니다. 물질을 하나님의 자리에 올려놓는 것이 우상숭배입니다.

새로운 가치에 따라 살려면 먼저 가치를 발견해야 합니다. 이때 가치를 제대로 볼 줄 아는 눈이 필요합니다.

"눈은 몸의 등불이니 그러므로 네 눈이 성하면 온 몸이 밝을 것이
요 눈이 나쁘면 온 몸이 어두울 것이니 그러므로 네게 있는 빛이 어
두우면 그 어둠이 얼마나 더하겠느냐" **마태복음 6:22-23**

다음으로, 그 가치를 위해서 헌신해야 합니다. 그리고 교환해야 합니
다. 우리 인생은 어찌 보면 이처럼 가치가 낮은 것을 더 높은 것으로 바
꾸어 가는 교환의 과정인지 모릅니다. 썩을 것을 썩지 않을 것으로, 욕
된 것을 영광스러운 것으로, 약한 것을 강한 것으로, 유한한 것을 무한
한 것으로 바꾸어야 합니다. 우리에게 주신 생명을 예수님과 복음을 위
해서 바쳐야 합니다. 천국과 구원은 세상의 모든 소유를 다 바칠 만큼
값진 것입니다.

:: 생명의 목적

"누구든지 이 음란하고 죄 많은 세대에서 나와 내 말을 부끄러워
하면 인자도 아버지의 영광으로 거룩한 천사들과 함께 올 때에 그
사람을 부끄러워하리라" **마가복음 8:38**

어떻게 하는 것이 예수님과 그분의 말씀을 부끄러워하는 것일까요?
바로 자신이 그리스도인임을 공개적으로 밝히지 않는 것입니다. 예수
님 믿는 것을 자랑스럽게 여기지 않는 것입니다. 예수님의 이름으로 행

하지 않는 것입니다. 다른 사람에게 복음을 전하지 않는 것입니다. 말씀대로 담대하게 살지 않는 것입니다.

반대로 예수님과 말씀을 부끄러워하지 않는 삶은 다른 말로 하면, 예수님과 복음을 말과 행동으로 시인하는 것입니다. 예수님은 심판 때에 하나님 앞에서 그런 사람을 인정하십니다. 바울은 "나는 복음을 부끄러워하지 않나니 복음은 구원을 주시는 하나님의 능력이다!"吾不恥福音라고 말했습니다. 바울은 예수님의 십자가만을 자랑하겠다고 선언했습니다. 나에게 생명을 주신 주님의 목적은 이 세상에서 하나님과 예수 그리스도를 자랑하는 것입니다. 부인하지 않고 전도하고 증언하는 것입니다. 또 다른 생명을 남기는 것입니다. 생명을 구하는 일에 생명을 투자하는 것입니다.

스티븐 스필버그Steven Spielberg 감독의 영화 〈쉰들러 리스트〉는 토머스 커닐리Thomas Kennelly의 소설을 각색한 것입니다. 그 내용은 독일인 사업가 오스카 쉰들러가 유대인들의 생명을 구원한다는 것입니다. 제2차 세계대전 당시 나치 정부의 잘못된 인종정책과 반유대주의에 의하여 수많은 유대인이 희생을 당했습니다. 그 모습을 방관할 수 없던 쉰들러는 사지에서 많은 유대인을 구했습니다. 마침내 전쟁은 연합국의 승리로 돌아갔고 독일은 무조건 항복했습니다.

종전 후 쉰들러는 패전국의 초라한 사업가가 되었지만, 그의 리스트에 올라 구출된 유대인들은 그를 잊지 않았습니다. 그들은 작은 금반지를 쉰들러에게 선물했습니다. 그 반지에는 탈무드의 한 문구가 새겨져 있었습니다. "한 사람의 목숨을 구하는 자는 온 세상을 구하는 것이다."
반지를 받아든 오스카는 오열합니다. "더 구할 수 있었을 텐데……. 너
무 쉽게 날렸다. 조금만 더 아꼈더라면……. 최소한 한 명은 더 구할 수
있었을 텐데……." 우리가 모두 하나님의 심판대 앞에 섰을 때, 이와 같
을 것입니다.

:: 마지막 날을 준비하는 삶

하나님 나라의 관점에서 오늘을 보아야 합니다. 그것이 하나님 나라
를 앞당겨 사는 것입니다. 재림과 심판의 때를 바라보면서 역산하여 살
아야 합니다. "인자도 아버지의 영광으로 거룩한 천사들과 함께 올 때"
막 3:38 그날은 반드시 오게 될 것이며 우리의 삶생명에 대한 결산이 있
을 것입니다.

인생은 퇴장료를 지급하게 되어 있습니다. 하나님 앞에 섰을 때, 너
무 많은 기회를 허비한 것에 대해 가책과 부끄러움과 안타까움을 느껴
서는 안 됩니다. 인생은 돈을 버는 것이 아니라 생명을 구하는 것입니
다. 내 말 한마디, 나의 방문 한 번, 내 봉사 한 번으로 사람을 구할 수
있습니다. 하나님의 영광을 나타내는 삶은 칭찬받지만 그렇지 못한 삶
은 소모하는 삶이고, 어리석은 삶이어서 예수님께 부끄러움을 받게 될
것입니다.

그러므로 하나님 앞에 서는 날을 기준으로 오늘을 살아야 합니다. 죽

음 너머에 있는 영원의 기준에서 오늘을 살아야 합니다. 대제국 페르시아를 물리치고 거대한 제국을 세운 마케도니아의 알렉산더 대왕은 항상 독특한 말을 하는 시종을 곁에 두었다고 합니다. 그 시종의 임무는 알렉산더 대왕에게 "국왕은 죽을 것임을 기억하소서!"라는 말을 하는 것입니다. 알렉산더 대왕은 이 말을 들음으로써 교만에 빠져 실족하지 않을 수 있었습니다. 이것이야말로 종말론적인 삶이요 미래로부터 현재를 사는 태도라고 볼 수 있습니다.

기름 부음 받은 자인 메시아의 사역을 오해한 제자들에게 예수님은 올바른 제자도를 알려 주셨습니다. 십자가를 지신 예수님을 따라 제자들도 자신의 십자가를 지고 따라가야 합니다. 그 길은 '생명'과 관련이 있습니다. ❶ 생명은 주님을 위해 내려놓을 때 되찾을 수 있습니다. ❷ 그 생명이야말로 온 우주보다 귀합니다. 다른 어떤 것과도 비교할 수 없습니다. ❸ 그 생명은 다른 생명을 낳기 위해 주어진 것입니다. 이런 논지로 예수님은 제자들이 올바른 제자도를 걷도록 도우십니다.

당신의 영혼은 건강합니까? 성장하고 있습니까? 당신은 오늘 무엇 때문에 바빴습니까? 세상입니까, 생명입니까? 당신은 생명을 위하여 무슨 투자를 합니까? 당신은 타인의 생명을 위하여 어떤 일을 합니까?

Chapter 09 말씀 나누기

❶ 생명의 법칙은 무엇입니까? 막 8:35

❷ 예수님은 생명의 가치를 어떻게 말씀하십니까? 막 8:36

❸ 앞 문항의 참고 말씀에서 '온 천하'는 무엇을 의미합니까?

❹ 생명의 목적은 무엇입니까? 막 8:38

Chapter 09 은혜 나누기

❶ 신앙을 가지기 전 당신 인생에서 최고의 가치는 어떤 것사람이었나
요?

❷ 믿음을 가진 후에도 믿지 않는 자처럼 산 적이 있습니까?
그 이유는 무엇이었습니까?

❸ 진정한 인생생명의 목적이 무엇인지 나누고 그것을 위해 함께 기도
합시다.

—

감사와 감동이 사라져갈 때, 예수님이 묻습니다
"누가 저를 더 사랑하겠느냐?"

누가복음 7:36-50

어느 모임에 초대받아서 갔다가 오히려 기분이 나빠져서 돌아온 적은 없습니까? 초대하는 것보다 더 중요한 것은 초대한 손님을 진심으로 정성스럽게 대접하는 것입니다. 그런데 누군가를 초대해서 순수한 마음으로 대접하는 경우가 그리 많지 않습니다. 초대는 무언가를 바라거나 이미 신세를 진 일에 대한 보답인 경우가 많습니다. 일종의 거래인 셈입니다.

"악한 눈이 있는 자의 음식을 먹지 말며 그의 맛있는 음식을 탐하지 말지어다 대저 그 마음의 생각이 어떠하면 그 위인도 그러한즉 그가 네게 먹고 마시라 할지라도 그의 마음은 너와 함께 하지 아니함이라 네가 조금 먹은 것도 토하겠고 네 아름다운 말도 헛된 데로

돌아가리라" 잠언 23:6-8

초대를 받으면 먼저 가야 할 자리인지 피해야 할 자리인지 구별해야
합니다. 순수하지 못한 초대는 우리를 불쾌하게 합니다.

:: 한 바리새인과 여자, 그리고 예수님

어느 날, 당시 유대 사회의 아주 흔한 이름인 시몬이란 바리새인이
예수님을 초대했습니다. 시몬이 예수님을 초대한 목적이 무엇인지는
정확히 알 수 없습니다. 갈릴리의 떠오르는 별인 예수님과 교제의 폭을
넓히거나, 예수님을 초대함으로써 자신의 사회적인 지위를 과시하려
는 의도일 수도 있습니다. 혹은 이 기회를 통해 예수님을 좀 더 탐구해
보고자 한 것일지도 모릅니다. 당시 바리새인들은 연일 파격적인 행보
로 자신들을 불편하게 하는 예수님을 죽일 계획을 공모하고 있었습니
다. 그러니 예수님을 초대하여 혐의점을 찾아보려는 동기도 숨어 있었
을 것입니다. 기쁨과 환대의 자리가 아니라 염탐과 함정의 자리입니다.

"네가 관원과 함께 앉아 음식을 먹게 되거든 삼가 네 앞에 있는 자
가 누구인지를 생각하며 네가 만일 음식을 탐하는 자이거든 네 목에
칼을 둘 것이니라 그의 맛있는 음식을 탐하지 말라 그것은 속이는
음식이니라" 잠언 23:1-3

예수님은 시몬의 초대를 거절하지 않으시고 그와 함께 들어가 식사하셨습니다. 이 사건을 통해 진정으로 은혜받은 자가 드러내는 격한 행위를 이해할 수 있게 될 것입니다. 이제 곧 주고받은 자 외에는 알 길 없는 은혜가 어떻게 드러나는지 알게 될 것입니다.

예수님과 바리새인이 식사하는 동안 초대받지 않은 한 여인이 등장합니다. 그 여인은 이름도 없이 '그 동네에 죄를 지은 한 여자'라고만 소개되어 있습니다. 당시에는 신분과 직업, 종교, 사회적 요인만으로도 죄인 취급을 받았습니다. 세리와 창기, 목자, 가죽 만드는 자, 도살하는 자, 심지어 나병이나 혈루병 같은 질병에 걸린 사람도 죄인으로 낙인찍혔습니다. 남의 잔치에 불쑥 나타나 사람들의 이목을 집중시키는 이 여자는 동네에서 죄인으로 공인된 자입니다.

이 여자는 이전에는 창녀였으나 예수님을 만나 새로운 삶을 맞이했습니다. 그러나 사람들의 눈에 이 여인은 여전히 죄인일 뿐이었습니다. 세상은 사람을 정죄하고, 새롭게 살 용기를 주지 않습니다. 좀처럼 사람에 대한 선입견을 바꾸려 들지 않습니다. 한 번 죄인은 영원한 죄인이라는 낙인을 찍습니다. 그러나 이런 사고방식은 복음의 변혁적 능력과 하늘의 능력을 부인하는 것입니다. 예수님 안에서는, 복음 안에서는 아무리 완악한 존재라도 변화할 수 있습니다.

외식적이고 스스로 경건하다 자부하며, 정결의식을 금과옥조처럼 여기는 바리새인과 그의 동료 앞에서 이 여인의 등장은 평지풍파를 예상하게 해줍니다. 표면적이나마 화기애애했던 분위기는 이내 긴장감이 감돌기 시작합니다.

그 여인의 손에는 값비싼 향유 옥합이 하나 들려 있었습니다. 그 여인은 즉시 예수님의 뒤로 가 섰습니다. 그리고는 사람들의 시선은 아랑곳하지 않고 울기 시작합니다. 아마도 자타가 공인하는 '죄인'으로서 지난날의 죄악들이 생각났고 죄책감이 한꺼번에 밀려왔기 때문일 것입니다. 그때문에 받은 멸시와 천대, 손가락질도 역시 가슴을 저미는 슬픔을 동반했을 것입니다.

그러나 그녀는 예수님의 말씀을 듣고 믿음을 가지면서 그 모든 것에서 자유함 또한 얻었을 것입니다. 이제는 그 모든 죄악을 하나님께서 용서해 주셨다는 확신이 있었습니다. 그 누구도 알 수 없는 하나님의 은혜입니다. 자기 안에서 역사하는 용서의 확신과 기쁨이 그녀를 주체하지 못하게 했습니다.

사실 교만하고 도도한 바리새인의 집에 찾아온다는 것 자체가 그녀에게 엄청난 일이었습니다. 그러나 내부에서 솟아오르는 은혜의 기쁨이 그녀의 발걸음을 막지 못했고 결국 향유 한 옥합을 들고 나서게 했습니다. 그녀의 눈에서 눈물이 떨어졌습니다. 그것은 루터의 표현을 빌리자면 '마음의 눈물'이었습니다. 그 눈물이 홍수를 이루었습니다. 감격과 기쁨, 그리고 감사로 그녀의 눈에서는 홍수와 같은 눈물이 쏟아져 나와 예수님 발에 떨어졌습니다.

식사하던 좌중이 순간 찬물을 끼얹은 듯 조용해 졌습니다. 예수님은 여인을 거부하거나 책망하시지 않았습니다. 여인의 눈물을 예수님은 그냥 받아들이셨습니다. 거룩함을 추구하는 유대 사회에서는 불결한 존재를 만지는 것조차도 꺼리는 상황이었는데 파격적인 일입니다. 예수님이 어찌 그런 일을 용납하시는지 의아할 지경입니다.

여인은 물로 예수님의 발을 씻겨 드리고 향유를 부을 생각이었겠지만 떨어지는 눈물을 어찌할 수가 없었을 것입니다. 여인은 급히 머리를 풀어 그 머리털로 예수님의 발을 닦아 드렸습니다. 그리고 연신 그 발에 입을 맞추었습니다. 거칠고 먼지 묻은 발에 말입니다. 이것도 당시의 기준으로 보면 파격적이고 당혹스러운 일입니다. 여인이 공개적인 장소에서 머리를 푼다는 것, 자기 남편이 아닌 다른 남성의 발을 씻기는 행동 모두 충격적입니다.

아마도 예수님 아닌 다른 바리새인에게 이렇게 했다면 테러를 당했다고 생각했을 것입니다. 여인은 향유 옥합을 깨뜨려 예수님의 발에 통째로 부었습니다. 방법은 거칠고 무례했지만 예수님을 환대하고 있음을 모든 사람이 알 수 있었습니다. 이 여인은 감히 예수님을 초대하지는 못했지만 바리새인이 하지 않은 대접을 했습니다. 겸손한 태도로 정성을 다해 헌신했습니다. 바리새인은 물도, 입맞춤도, 기름도 준비하지 않았지만, 여인은 눈물과 발에 한 입맞춤과 향유가 있었습니다.

죄인다운 발상이라고 경멸하는 바리새인들도 있었겠지만, 그 여인은 공개적인 장소에서 용감하게 자신의 허물을 행동과 눈물과 물질로 회개하면서 은혜에 감사했습니다. 여인은 사람들의 시선을 아랑곳하지 않고 오로지 예수님께만 집중했으며, 체면도 버린 채 파격적인 행위를 서슴지 않았습니다. 옥합의 향유를 붓는 여인의 행위는 그 여인의 내면

에서 가치가 변화됐다는 것을 분명히 보여 줍니다. '이전에 좋던 것, 이제는 값없다.'

:: 정죄하는 바리새인

바리새인은 이 광경을 보고 감동하지 않았습니다. 자신의 결례를 회개하지도 않았습니다. 오히려 그 여자를 정죄하고 예수님조차 의심했습니다. 허위의식에 찬 그는 완악한 사람이었습니다! 그는 마음속으로 예수님이 선지자라면 그 여자에게 일종의 심판을 내려야 한다고 주문했습니다.

> "이 사람이 만일 선지자라면 자기를 만지는 이 여자가 누구며 어떠한 자 곧 죄인인 줄을 알았으리라 하거늘" 누가복음 7:39

신앙과 인격이 고매한 사람이라면 이 여인의 '기이한' 행동을 이해하고 동정하려 했을 것입니다. 상대방의 행동을 통해 선한 동기를 전제하고 그것이 무엇일까 추론해 보려 했을 것입니다. 그러나 바리새인 시몬은 교조주의적이고 냉엄한 율법의식으로 사람들을 엄격하게 대했습니다. 그 여인에게 죄인이란 낙인을 찍고 어떤 것도 인정하지 않으려 했습니다.

예수님도 그녀가 베푸는 대접은 무엇도 받아서는 안 된다는 억지 주장을 했습니다. 아마도 그 여인의 '불결한' 행위를 허용하고 받아들이시는 예수님께 분개했을 것입니다. 예수님을 이렇게 판단했을 것입니다. '사람들은 큰 선지자라며 그를 따르지만 내가 보기엔 아니다. 참 선지자라면 천 리에서도 적의 왕궁에서 벌어지는 모의를 알고, 사람들의 내면과 과거 행적을 모두 알 텐데, 이 자는 어찌나 영감이 떨어지는지, 저 여인이 얼마나 불결하고 더러운 죄인인지 모르고 있다.' 자기의 의를 내세우는 우월의식과 여자의 행위를 비웃는 냉소주의, 예수님에 대한 불신앙까지 드러나 있습니다.

그러나 그것은 오해입니다. 예수님은 참된 선지자입니다. 그 여인은 과거에는 죄인이었을지 몰라도 예수님을 만나 그분의 말씀을 들으면서 믿음을 갖고 변화했습니다. 하나님의 용서가 강하게 느껴졌고 기쁨이 샘솟았습니다. 그러므로 적어도 하나님 앞에서 그 여인은 용서받은 죄인입니다. 예수님은 그런 여인의 파격적인 행위의 내면을 다 아셨고 또한 수용하셨습니다. 게다가 여인과 자신을 경멸하는 바리새인의 마음도 정확하게 짚어 내셨습니다.

우리는 누구입니까? 은혜를 받고 변화하고 감격하며 주체할 수 없는 기쁨을 표현하는 여인입니까? 아니면 사람을 과거나 율법의 잣대로 평가하는 시몬과 같은 사람입니까? 당신은 어디에 가깝습니까?

:: 누가 더 사랑할까?

의심을 품고 있는 바리새인에게 예수님은 "시몬아"라고 친근하게 부르시며 "네게 이를 말이 있다"고 말문을 여셨습니다. 바리새인은 은근히 예수님이 자신의 편을 들어 줄 것으로 기대했을 것입니다. 그래서 반갑게 "선생님 말씀하소서"라고 대답했습니다. 그런데 예수님은 뜻밖에도 '두 빚진 자의 비유'를 말씀하셨습니다. "빚 주는 사람에게 빚진 자가 둘이 있어 하나는 오백 데나리온을 졌고 하나는 오십 데나리온을 졌는데 갚을 것이 없으므로 둘 다 탕감하여 주었으니 둘 중에 누가 그를 더 사랑하겠느냐"41-42절

지급대상자에게 오백 데나리온과 오십 데나리온 빚진 두 사람이 있었는데, 아무 조건 없이 두 사람의 빚을 탕감해 주었습니다. 이런 경우 누가 더 지급대상자를 사랑하겠습니까? 이 이야기에 나오는 두 사람의 공통점은 ❶ 둘 다 빚진 자debtor이며 ❷ 둘 다 파산한 자bankrupt이고 ❸ 둘 다 탕감받은 자forgiven라는 것입니다. 차이가 있다면 액수의 차이입니다.

예수님의 이 비유를 영적으로 풀자면 다음과 같습니다. ❶ 빚은 죄입니다. 죄는 빚입니다. 우리 모두 빚을 지고 살고 있습니다. 차이는 있지만 모두 죄인입니다. 우리는 다 채무자입니다. ❷ 죄의 빚은 갚을 수가 없습니다. 빚은 자기가 졌지만 스스로 해결할 능력이 없습니다. ❸ 하나님께서 죄를 용서해 주십니다. 하나님의 사랑과 자비는 조건 없는 은

혜로 주어집니다. 결국 두 사람은 본질상 같은 상태였던 것입니다. 빚진 두 사람은 상대적으로 차이가 있을 뿐 빚을 지었다는 사실은 같습니다. 빚은 죄로, 탕감은 용서로 대비할 수 있고, 둘 사이에는 절대적인 차이가 아니라 상대적 차이가 있습니다.

판단의 명수 바리새인은 너무나 당연한 질문에 '많이 탕감받은 자'가 더 사랑할 것이라고 정확하게 답했습니다. 예수님은 바리새인의 대답을 바로 이 여인에게 적용하여 말씀하십니다. 그리하여 여인을 옹호하고 또한 자신의 정당함을 드러내십니다. "이 여인은 하나님으로부터 더 많이 탕감받은 자다. 그래서 하나님을 향한 사랑과 감사를 크게 표현하는 것이다." 결국 이 여인의 기이한 행동의 의미가 전지하신 예수님에 의해서 규명되고 선포되었습니다. 그 여인은 구원받았습니다. 용서받았습니다. 그리하여 사랑과 감사가 그 여인에게 충만합니다.

오래전, 미국 보스턴에 스트로사라는 청년이 있었습니다. 그는 큰 꿈을 가지고 있었지만 자본이 없었습니다. 부자인 바턴 씨를 찾아가서 2천 달러를 빌려 달라고 부탁했습니다. 담보는 없지만 꿈과 용기를 믿고 빌려 주면 은혜를 잊지 않겠다고 했습니다. 주위의 만류에도 바턴 씨는 청년의 용기가 마음에 들어 선뜻 돈을 빌려 주었습니다. 그리고 얼마 되지 않아 스트로사는 빌린 돈을 다 갚았습니다.

이 일이 있은 지 10년 후, 미국의 경제 대공황으로 바턴 씨는 파산 위기에 처했습니다. 소문을 들은 스트로사는 바턴 씨의 빚 7만 5천 달러를 대신 갚아 줬습니다. 이를 의아하게 생각한 바턴 씨에게 스트로사는 이렇게 말했습니다. "분명히 빚진 돈 2천 달러는 옛날에 갚았지만 당신이 베풀어 주신 은덕은 평생 갚지를 못합니다. 그때 돈을 빌려 주신 덕에 오늘 이렇게 큰 부자가 되었습니다. 당신이 베푼 은덕과 사랑은 영원히 갚을 수 없는 빚입니다." 우리가 주님께 받은 사랑과 은혜도 평생 갚을 수 없는 빚입니다.

예수님은 시몬에게 섭섭함을 표현하셨습니다. 시몬은 귀한 손님을 모시는 통례를 하나도 따르지 않았습니다. 당시에는 손님이 오면 집주인이나 종이 나아가 발을 씻겨 주어 섬김의 예를 표했습니다. 그리고 환영하는 입맞춤이나 포옹을 하고 감람유를 머리에 한두 방울 떨어뜨려 존귀하게 영접했습니다. 대접을 받고 나가는 손님은 샬롬peace으로 그 집을 축복합니다. 이것이 손님을 대하는 환대의 관례입니다.

그런데 바리새인 시몬은 예수님을 초대해서 음식만 대접하였을 뿐입니다. 발 씻을 물도, 사랑과 우정을 표시하는 입맞춤도, 기름 부음도 없었습니다. 바리새인 시몬은 아마도 높은 지위에 있는 사람이었을 것입니다. 그래서 사람을 초대해 놓고도 그렇게 행동하는 것이 자기의 격에 어울린다고 생각했을지 모릅니다. 예수님을 고소할 빌미를 찾고 있었다면 이는 더욱 책망받을 짓입니다. 그는 자신이 무엇을 모르는지, 무엇이 잘못되었는지 도통 몰랐습니다. 그는 예수님에 대해서 잘못 알고 있었으며, 그 여자용서받은 자에 대해서도 잘못 알고 있었으며, 자신용서가 필요한 자에 대해서도 잘못 알고 있었습니다.

:: 감사: 주님께 용서받은 죄의 크기

예수님은 은혜를 많이 받은 여인과 은혜를 받지 못한 바리새인의 행동을 통해 보여 주십니다. "내가 네 집에 들어올 때 너는 내게 발 씻을 물도 주지 아니하였으되 이 여자는 눈물로 내 발을 적시고 그 머리털로 닦았으며 너는 내게 입 맞추지 아니하였으되 그는 내가 들어올 때로부터 내 발에 입 맞추기를 그치지 아니하였으며 너는 내 머리에 감람유도 붓지 아니하였으되 그는 향유를 내 발에 부었느니라"44-46절

초청은 바리새인이 했지만, 대접은 여자가 한 것이 되었습니다. 이 여인은 진정으로 예수님을 대접한 여자입니다. 여인은 겸손하게, 온 힘을 다하여, 자발적으로, 요구되는 것 이상을 했습니다. 마음과 눈물과 몸과 물질로 예수님을 섬겼습니다. 이날의 주빈은 예수님이고 주인은 이 여인입니다. 바리새인은 돈만 지출했을 뿐 은혜는 못 받았습니다.

용서받은 정도의 차이가 하나님예수님에 대한 사랑의 차이를 만들어냅니다. '사랑'은 사실상 감사입니다. "누가 그를 더 사랑하겠느냐?"는 "누가 그에게 더 감사하겠느냐?"라는 말씀과 같은 뜻입니다. 더 많이 탕감받은 자가 더 많이 감사하게 되었다는 일반적인 원칙을 적용하여 '그 여인의 죄가 더 많았으므로 시몬보다 더 예수님을 사랑하게 되었을 것이다.'라는 결론에 쉽게 도달할 수 있습니다.

신앙생활은 용서받은 감격에 의한 감사와 사랑의 표현이어야 합니다. "그의 사랑함이 많음이라"47절 사랑은 분명하며, 겸손하며, 희생적

이고 계속적으로, 열정적으로, 자발적으로, 적절하게 넘치도록 표현되었습니다. 이 여인은 시몬처럼 종교의식이나 신학 지식, 율법은 잘 모르지만 자신이 죄인이었다가 용서받았음을 알고 섬김으로 감사를 표현하였습니다. 이것은 예배의 정신입니다. 예배의 정신은 감격과 감사, 헌신, 사랑, 섬김, 봉사, 겸손입니다.

　예수님께서 하신 말씀을 따라가면 여인은 500데나리온 탕감받은 사람이고, 바리새인은 50데나리온 탕감받은 사람입니다. 그래서 그 여인의 사랑의 행위가 특별했는지 모릅니다. 심지어 바리새인은 자기는 죄가 없다고 생각했을지도 모릅니다.

　어느 스승이 제자들에게 큰 돌과 작은 돌을 주워 오게 했습니다. 그리고는 다시 원위치에 갖다놓으라고 했습니다. 큰 돌은 돌 자국이 있어서 다시 제자리에 갖다 놓을 수 있었지만, 작은 돌은 어디에서 가져왔는지 알 길이 없었습니다. 이처럼 큰 죄를 지은 사람은 자신의 죄를 잘 알고 있는데, 작은 죄를 지은 사람은 자기가 지은 죄조차 모르고 있습니다. 그리고는 다른 사람을 판단합니다.

　그러나 우리 인생은 너나 할 것 없이 모두 죄인일 뿐입니다. 하나님 앞에서 죄의 크기를 따지는 것은 도토리 키 재기하는 것과 같습니다. 스스로 의로웠던 사울도 나중에 복음전도자가 되었을 때 자신을 '죄인 중의 괴수'라고 표현했습니다.

　50데나리온이나 500데나리온은 사람들의 상대적인 개념이지 하나님 앞에서는 무의미한 구별입니다. 이 숫자는 하나님께 의미 있는 숫자가 아니라 각 개인의 내면에 울려 퍼지는 인식의 정도일 수 있습니다. 같은 죄를 지었어도, 어떤 사람은 자신이 500데나리온 어치의 죄를 지었다고 느끼지만 어떤 사람은 50데나리온 어치의 죄를 지었다고 생각합니다. 같은 죄에 느끼는 정도의 차이입니다.

주님께 용서받은 것이 많다고 느낄수록 사랑은 더 커집니다. '죄가 많은 곳에 은혜가 많다.'는 것은 죄에 대한 자각의 크기입니다. 더 많이 용서받았다고 느끼는 자에게 더 많은 하나님의 은혜가 임하게 됩니다. 이는 양적으로 반드시 죄를 더 많이 지어야 은혜를 더 많이 받는다는 의미가 아닙니다. 은혜는 '빚진 자 의식'에 비례한다는 것입니다. 신앙 생활은 '빚진 자 의식'입니다. "나는 하나님이나 사람에게 빚진 자입니다." 재미있는 추론이 되겠지만 실제로 시몬이야말로 500데나리온 빚진 자이고 공인된 죄인인 이 여인은 50데나리온 빚진 자가 아니었을까요? 그렇다면 시몬에게 더 큰 용서가 필요하고 더 큰 감사와 사랑의 표현이 기다리고 있는지도 모를 일입니다.

:: 회개, 감사, 그리고 축복

예수님은 그 여인의 행위를 시몬과 비교하여 칭찬하시면서 이미 사함 받은 죄에 대한 선언을 다시 한 번 공식화하셨습니다. "그의 많은 죄가 사하여졌도다"47절 "네 죄 사함을 받았느니라"48절 결국 여자에게 바리새인의 정죄 대신 예수님의 용서가 재확증 됩니다. 그 여자의 사랑이 용서를 부른 것이 아니고, 하나님의 용서가 그 여자의 사랑을 불러일으킨 것입니다.

이 선언은 예수님께 죄 사하는 권세가 있음을 보여 주는 것으로, 그 여인에게는 과거의 삶에 종지부를 찍고 새로운 삶을 시작하는 전환점이 되었을 것입니다. 예수님은 하나님의 공식적인 해명을 모든 사람에게 들려주셨습니다. 그리고 더 나아가 "네 믿음이 너를 구원하였으니 평안히 가라"고 선포하셨습니다. 손님이 마지막 대접을 받고 하는 축복의 말씀을 시몬이 아닌 그 여인이 받았습니다. 잔치는 시몬이 벌여 놓고 축복은 이름을 알 수 없는 여자가 다 받았습니다.

은혜를 받으면 하나님을 향한 사랑과 감사가 자연스럽게 표현됩니다. 용서의 은혜를 많이 받았다고 생각하는 자는 많이, 적게 받았다고 생각하는 자는 적게 표현합니다. 그러나 우리 인식의 차이에 따라 은혜와 용서는 커질 수도 있고 작아질 수도 있습니다. 우리가 진정 은혜와 용서가 없던 시절의 자신을 제대로 성찰한다면 우리의 사랑과 감사는 무한히 커질 수밖에 없습니다.

우리는 무한한 빚을 탕감받은 자가 아닙니까? 예수님을 향한 사랑과 감사는 과연 얼마나 표현했습니까? 당신은 바리새인 시몬입니까, 이름 없는 여인입니까? 믿음은 갚을 수 없는 빚을 탕감받은 자처럼 감사하며 사는 것입니다. 그것이 예배와 봉사, 전도, 신앙생활의 본질입니다. 주님은 이미 우리에게 측량할 수 없는 은혜를 베풀어 주셨습니다.

Chapter 10 말씀 나누기

❶ 예수님 당시에는 귀한 손님을 어떻게 영접했습니까? 눅 7:44-46

❷ 예수님을 진심으로 대접한 사람은 누구입니까? 눅 7:37-38

❸ '빚'은 무엇을 의미합니까? 눅 7:41, 47

❹ '감사'를 다른 말로 무엇이라고 할 수 있습니까? 눅 7:42

Chapter 10 은혜 나누기

❶ 당신은 여인과 바리새인 중 누구와 더 닮았다고 생각합니까?

❷ 하나님이 주신 은혜를 어떻게 갚을지에 대해 고민하고 나누어 봅시다.

❸ 예수님의 사랑을 자발적이고 지속적으로, 적절하게 표현하며 살도록 기도합시다.

—

예수님을 따르는 것이 어리석어 보일 때, 예수님이 묻습니다 "너희도 가려느냐?"

요한복음 6:52-71

목회자는 설교를 잘해야 한다는 압박을 종종 받습니다. 그러나 설교는 잘하는 것보다 바르게 하는 것이 더 중요합니다. 요새는 모든 것이 소비자 중심으로 바뀌는 추세이기 때문에 설교조차도 청중 중심으로 흐르는 것 같습니다. 청중이 듣고 싶은 것을 전하여 그들의 비위를 맞추려는 유혹에 넘어가는 것입니다. 그러나 설교는 하나님을 대언하는 것으로, 청중이 마땅히 들어야 할 말씀을 하나님께 받아 전해야 합니다.

영국의 청교도 목사였던 라이마티가 폭군 헨리 8세 앞에서 설교하게 되었습니다. 왕실 신하가 "왕 앞에서는 말조심하라."고 말하며 그를 단속했습니다. 권력자의 비위를 거스르는 메시지를 던지지 말고 적당히 기분 좋게 설교하라고 주문한 것입니다. 라이마티는 대기실에서 스스로에게 이렇게 대답했습니다. "라이마티야, 너는 영원히 말조심하라.

너는 영원히 왕의 왕이신 하나님 앞에 서 있다는 것을 잊지 말라."

요한복음의 전반부는 '표적의 책,' 후반부는 '수난의 책'이라고 부릅니다. 표적의 책에서는 일곱 가지의 표적이 나타납니다. ❶ 가나 혼인 잔치에서 물을 포도주로 만드심 ❷ 왕의 신하의 아들을 고쳐 주심 ❸ 베데스다에서 38년 된 병자를 고치심 ❹ 오병이어로 5천 명 이상을 먹이심 ❺ 물 위를 걸으심 ❻ 맹인에게 실로암에 가서 씻은 후 보라고 하심 ❼ 죽은 나사로를 부활시키심.

> "예수께서 제자들 앞에서 이 책에 기록되지 아니한 다른 표적도 많이 행하셨으나 오직 이것을 기록함은 너희로 예수께서 하나님의 아들 그리스도이심을 믿게 하려 함이요 또 너희로 믿고 그 이름을 힘입어 생명을 얻게 하려 함이니라" 요한복음 20:30-31

모든 표적은 그 자체가 목적이 아니라 그 표적을 행하신 예수님을 믿으라는 메시지를 담고 있습니다. 그러므로 표적을 보고도 알지 못하거나 엉뚱한 결론을 내리는 것은 잘못입니다.

:: 영원한 양식

요한복음 6장은 네 번째 표적을 이야기합니다. 예수님께서 빈들에서 오병이어의 이적을 일으키시고, 다음날 가버나움 회당에서 '생명의 떡'이라는 제목으로 설교하면서 결단을 촉구하는 내용으로 구성되어 있습니다. 본문은 아무래도 구약성경 출애굽기 16장 13절에서 36절까지와 민수기 11장 4절에서 9절까지에 나오는 만나의 이야기였을 것입니다. 만나의 원리는 하나님이 적절한 때에 적절한 것을 필요한 분량만큼 공급해 주신다는 것과 매일매일 하나님을 찾아야 한다는 것, 그리고 안식의 의미를 가르쳐 줍니다.

> "만나를 네게 먹이신 것은 사람이 떡으로만 사는 것이 아니요 여호와의 입에서 나오는 모든 말씀으로 사는 줄을 네가 알게 하려 하심이니라" 신명기 8:3

만나는 일 해서 얻은 노동의 열매라기보다는 하나님이 주시는 은혜의 양식입니다. 하나님은 만나가 육신을 위한 음식일 뿐 아니라 영혼을 위한 음식이 되도록 하셨습니다. 인간은 영혼을 희생시켜 육신의 욕구를 채웁니다. 그러나 인생에는 물질적 만족 그 이상의 것이 있습니다. 인간에게는 육의 양식뿐 아니라 영의 양식이 필요합니다. 만나는 모세를 통해 출애굽한 이스라엘이 아무것도 없는 광야에서 소멸하지 않고 생존할 수 있도록 하나님께서 내려 주신 생명의 떡입니다. 이것은 예표로, 장차 우리 인류의 궁극적인 생명의 떡이 하늘에서 내려올 것이며 그를 통해 영생을 얻게 될 것임을 보여 주는 것입니다.

예수님은 이 메시지를 더욱 생생하게 전하기 위해서 오병이어의 기적을 보이셨습니다. 이른바 '보여 주고 말하는' show and tell 실물교육을 하셨습니다. 그리고 다음날 가버나움 회당에서 유대인들과 대화하실 때는 그들의 질문에 또 다른 질문을 던지면서 은유와 비유를 많이 사용하셨습니다. 다른 복음서에서는 최후의 만찬에서 성만찬의 의미를 설명하지만, 요한복음에서는 오병이어의 이적에서 성만찬의 의미가 밝혀집니다.

예수님은 자신이 하늘에서 내려오는 살아 있는 떡이니 자신의 살을 먹고 피를 마시라고 말씀하셨습니다. 요한은 사역 초기에 오병이어 사건을 통해 예수님의 몸과 피를 나누는 의미를 설명했습니다. 비단 십자가뿐만 아니라 예수님 사역 전체가 바로 생명의 양식을 공급하는 것입니다. 말씀을 마치신 예수님은 이제 결단하라고 요구하셨습니다.

예수님의 설교에 대한 군중의 반응이 어떠했을까요? 은혜로운 설교를 듣고 많은 사람이 결신했을까요? 놀라지 마십시오. 떡을 얻어먹은 5천여 명은 어딘가로 가고 열두 명만 남았습니다. 요한은 더 정확하게 그중 하나인 가룟 유다를 지목하면서, 그는 마음은 떠나 있으면서 몸만 남아 있던 사람이니 실제로는 열한 명만 남은 것이나 마찬가지라고 기록했습니다. 설교 중에도 군중은 '수군거리고' 요 6:41, '서로 다투어 말하고' 요 6:52, '어렵다고 빈정대고' 요 6:60 다 돌아가서 다시는 찾아오지 않고 심지어 예수님을 죽이려고까지 했습니다 요 7:1. 정말 최악의 청중입니다.

예수님은 잘하시는 것일까요? 사람의 심령까지 다 헤아리시는 주님이 그런 설교를 하면 사람들이 떠나갈 것을 모르셨을까요? 예수님은 그들이 듣고 싶어 하는 이야기와 인기를 얻을 수 있는 이야기가 어떤 이야기인지 모르셨을까요? 아닙니다. 예수님은 진정으로 생명을 얻게 하는 이야기가 진리라는 것을 아셨습니다. 인기보다 중요한 것이 바르게 하는 것임을 아셨습니다. 예수님과 유대 군중의 기대가 서로 맞지 않았습니다. 예수님이 그들이 원하는 것을 외면하시니 그들이 결별을 선언한 것입니다. 그들이 원하는 것과 예수님이 원하시는 것은 각각 무엇이었습니까?

:: 그들은 무엇 때문에 예수님을 따라다녔는가?

유대 군중은 무엇 때문에 예수님을 따라다닌 것일까요? 예수님께서 갈릴리에서 사역하시면서 많은 병자를 고치시고, 바리새인이나 서기관과는 다른 메시지를 던지셨기 때문입니다. 예수님은 먼 곳까지 힘들게 찾아오는 그들의 모습을 불쌍히 여기셨습니다. 목자 없는 양처럼 유리하던 백성이 비로소 참된 목자를 만나 위로받기 원하는 간절함을 보셨습니다. 그래서 광야에서 물질의 이적을 베푸셨습니다.

공관복음서에서는, 날이 저물 때 제자들이 찾아와 무리를 빨리 해산시켜 인근 마을과 촌으로 가서 먹을 것을 찾게 하자고 제안했습니다. 그러나 요한복음에는 예수님께서 먼저 그들을 먹일 생각으로 운을 떼신 것으로 되어 있습니다. "빌립아, 우리가 어디서 떡을 사서 이 사람들을 먹이겠느냐?" 그런데 제자들은 여전히 예수님의 능력을 믿지 못하고 믿음이 부족한 답변을 했습니다.

예수님은 그들을 잔디에 앉히시고 보리떡 다섯 개와 물고기 두 마리로 성인 남자 5천 명과 여자와 아이들을 먹이셨습니다. 남은 조각은 열두 광주리나 되었습니다. 이런 과정을 무리는 똑똑히 지켜보았습니다. 표적을 본 사람들은 "이는 참으로 세상에 오실 그 선지자라"고 하면서 예수님을 왕으로 세우려 했습니다. 예수님은 그들의 동기를 아시고 조용히 혼자 산으로 기도하러 떠나셨습니다.

그들이 예수님을 따랐던 것은 물질적이고 경제적인 동기였습니다. 하루하루 입에 풀칠하기도 어려운 형편에 예수님을 왕으로 세우면 먹을 걱정은 안 해도 되겠다는 생각을 한 것입니다. 당시 갈릴리와 베레아의 분봉왕은 헤롯 대왕의 아들 헤롯 안디바였습니다. 그런데도 예수님을 왕으로 섬기는 것이 어떤 위험을 감수해야 하는지 전혀 계산하지도 않았습니다. 먹는 문제만 해결할 수 있다면 정치적인 위험은 아랑곳하지 않겠다는 근시안적 태도를 보여 줍니다.

이처럼 경제적인 동기로 교회를 찾는 경우는 비일비재합니다. 후방 교회에서 군부대에 위문을 오면 병사들이 대거 참석합니다. 교회에 오면 쉴 수도 있고, 빵과 과일도 주기 때문입니다. 그러나 설교가 길어지면 불평이 쏟아져 나오고 아예 자 버립니다. 병사들은 "빵이나 빨리 주지, 무슨 설교가 저렇게 길어?"라고 원망했을지도 모릅니다. 물질적 동기로 집회를 찾는 병사들은 다른 종교 단체에서 더 나은 간식을 제공하면 아무 망설임 없이 발길을 돌립니다.

정치적인 동기로 예수님을 따른 사람들도 있었습니다. 예수님처럼 이적을 행하고 유능하고 백성의 신망과 인기를 한몸에 받는 사람이라면, 이리저리 흩어져 있는 이스라엘을 통합하고 압제자 로마를 물리쳐 영광의 나라, 다윗의 후손에게 주시리라 약속하신 대제국을 건설할 수 있으리라 생각한 사람도 있었을 것입니다. 그들은 유다의 독립을 쟁취하기 위해서 예수님이 항전의 깃발을 높이 드셔야 한다고 생각했습니다.

예수님은 그들의 요구를 일부러 피하셨습니다. 흥분한 군중은 예수님을 놓아 줄 것 같지 않았습니다. 예수님은 제자들만 먼저 배를 타고 바다 건너 가버나움으로 돌아가게 하시고 혼자 기도하기 위해 산으로 가셨습니다. 군중은 산에 홀로 오르시는 예수님의 뒷모습을 안타깝게 바라보았습니다.

예수님은 즐겨 하늘에 계신 아버지께 기도하셨지만, 지금은 그들을 피하기 위한 목적도 있었을 것입니다. 군중은 예수님의 일거수일투족을 감시하고 혹시라도 자신들을 떠날까 노심초사했습니다. 제자들이 다시 배를 타고 오지 않는 한 예수님이 멀리 갈 수 없으리라 확신하고 선착장만을 지켰습니다.

유대인들은 예수님이 수상보행도 하실 수 있는 분임을 몰랐습니다. 예수님이 없어진 줄 알고 나서야 부리나케 찾다가 예수님의 제2의 고향이요 사역의 거점인 가버나움으로 찾아왔습니다. 예수님과 유대인 사이의 숨바꼭질이었습니다. 가버나움에서 예수님을 만난 그들은 "랍비여 언제 여기 오셨나이까"라고 물었습니다. 다소 원망 섞인 말처럼 들립니다. '당신의 몸은 이미 당신의 것이 아니다.' 라는 뜻도 숨어 있습니다.

예수님은 자신이 왜 그들을 피했는지 이야기하십니다. 그들이 어떤 동기로 예수님을 찾는지 아신다고 밝히십니다.

"내가 진실로 진실로 너희에게 이르노니 너희가 나를 찾는 것은 표적을 본 까닭이 아니요 떡을 먹고 배부른 까닭이로다"

요한복음 6:26

그들은 떡을 얻기 위한 목적으로, 경제적인 동기로 예수님을 찾았습니다. 우리는 최소한 떡을 넘어 하나님이 일으키시는 이적으로 나가야 합니다. 표적은 현실을 초월합니다. 그렇다고 표적이 전부일 수는 없습니다. 표적은 예수님을 나타내는 표식에 불과합니다. 떡의 믿음은 표적의 믿음으로, 표적의 믿음은 예수님을 향한 참믿음으로 나가야 합니다. 썩을 양식을 구하는 것을 그만두고 영생하는 양식을 찾아야 합니다.

"썩을 양식을 위하여 일하지 말고 영생하도록 있는 양식을 위하여 하라"27절 예수님을 찾는 것은 바람직합니다. 그러나 동기가 잘못되면 절대로 유익하지 않습니다. '썩을 양식'을 위해 예수님을 찾는지, '영생하는 양식'을 위해 예수님을 찾는지 되돌아보십시오. 육신의 안위와 세상의 명예, 지적이고 도덕적인 가르침을 구하는 자들은 '썩을 양식'을 구하는 자들입니다. 그들은 원하는 것을 얻지 못하면 이내 돌아서고 말 사람들입니다.

사탄도 이런 사실을 잘 알고 있습니다. 그래서 하나님께 욥을 고발하면서 욥의 경건은 물질적인 이유 때문이라고 했습니다. 즉 '자기의 이익을 위하여 하나님을 섬긴다.'는 것입니다.

"사탄이 여호와께 대답하여 이르되 욥이 어찌 까닭 없이 하나님을 경외하리이까 주께서 그와 그의 집과 그의 모든 소유물을 울타리로 두르심 때문이 아니니이까 주께서 그의 손으로 하는 바를 복되게 하사 그의 소유물이 땅에 넘치게 하셨음이니이다 이제 주의 손을 펴서 그의 모든 소유물을 치소서 그리하시면 틀림없이 주를 향하여 욕하지 않겠나이까" 욥기 1:9-11

:: 예수님의 말씀 선포

예수님은 세상적인 동기로 자신을 찾는 자들에게 진리를 말씀하셨습니다. 예수님은 그들에게 주신 떡을 비유로 말씀하십니다. 사람은 육신의 생명을 위해서 떡을 먹어야 하듯, 영혼을 위해서 생명의 양식을 먹어야 합니다. 육신의 떡은 일시적인 포만감을 줄 뿐이지만 생명의 떡은 하나님께서 주신 것으로, 영원한 양식이 됩니다. 이 얼마나 좋은 양식입니까? 유대인들은 귀가 솔깃해 져서 "주여 이 떡을 항상 우리에게 주소서"요 6:34라고 말합니다. 마치 수가성 여인이 예수님께 요청한 것과 같습니다.

> "이 물을 마시는 자마다 다시 목마르려니와 내가 주는 물을 마시는 자는 영원히 목마르지 아니하리니 내가 주는 물은 그 속에서 영생하도록 솟아나는 샘물이 되리라" 요한복음 4:13-14

> "여자가 이르되 주여 그런 물을 내게 주사 목마르지도 않고 또 여기 물 길으러 오지도 않게 하옵소서" 요한복음 4:15

예수님은 '나는 ~이다' 라는 어법을 통해서 자신의 정체성을 밝히셨습니다.

> "예수께서 이르시되 나는 생명의 떡이니 내게 오는 자는 결코 주리지 아니할 터이요 나를 믿는 자는 영원히 목마르지 아니하리라"
> 요한복음 6:35

예수님께서 자신이 하늘에서 내려온 생명의 떡이라고 하자 군중 사이에서 논쟁과 불신이 생겨났습니다. 그 이유는 첫째, 그들은 예수님이 누구인지 알고 있었기 때문입니다. 그들이 아는 예수님은 목수 요셉의 아들이었습니다. 그들은 예수님을 영적으로 알지 못한 채 논쟁만 벌입니다. 둘째, 예수님께서 '생명의 떡'인 자신의 몸을 내어 주겠다고 하셨기 때문입니다. 자신의 살과 피를 내주어 먹고 마시게 하겠다고 하신 것입니다. 그래야 영생할 수 있다고 말씀하셨습니다.

> "예수께서 이르시되 내가 진실로 진실로 너희에게 이르노니 인자의 살을 먹지 아니하고 인자의 피를 마시지 아니하면 너희 속에 생명이 없느니라 내 살을 먹고 내 피를 마시는 자는 영생을 가졌고 마지막 날에 내가 그를 다시 살리리니 내 살은 참된 양식이요 내 피는 참된 음료로다" 요한복음 6:53-55

이 말은 많은 유대인이 꺼리는 표현입니다. 살생을 금하고 피를 먹지 말라는 율법 조항 때문입니다. 그들은 예수님의 은유를 문자대로 해석하고 혼란에 빠졌습니다.

:: 설교가 끝난 후

가감 없는 말씀을 들은 사람들의 심정은 처참했을 것입니다. 심지어 제자들 중 여럿은 이렇게 평가했습니다. "이 말씀은 어렵도다 누가 들을 수 있느냐!" 말이 어려운 것이 아니리라 믿고 받아들이기가 어려운 것입니다. 예수님은 그들에게 문자대로 풀지 말고 영적으로 풀라고 하셨습니다.

> "살리는 것은 영이니 육은 무익하니라 내가 너희에게 이른 말은 영이요 생명이라" 요한복음 6:63

이제 결단할 시간이 왔습니다. 예수님의 설교를 듣고 다음의 교훈을 수용할 수 있습니까? ❶ 예수님은 하늘에서 오신 분이다. ❷ 예수님을 믿어야 한다. ❸ 예수님은 생명의 떡이며 그 떡을 먹어야 영생을 얻는다. ❹ 예수님의 살을 먹고 그분의 피를 마셔야 한다. 유대인들은 예수님의 설교가 끝나자 썰물 빠지듯 떠나갔습니다. 그리고 다시는 예수님을 좇지 않았습니다.

"너희도 가려느냐?" 예수님께서 남아 있던 열두 제자들에게 물으셨습니다. 예수님의 설교가 실패한 것이 아닙니다. 저들이 거부한 것입니다. 우리도 이런 질문에 직면해야 합니다. "너희도 가려느냐?" 제자의 길은 영광과 승리의 길이 아닙니다. 그 길은 예수님을 구주로 믿고 그분을 따라 자기를 부인하고 십자가를 지는 길입니다. 재산과 명예와 권세를 버리고 따르는 길입니다. 이런 메시지가 강단에서 흘러나왔을 때 떠나지 않을 자신이 있습니까? 육신적이고 피상적인 제자들이 다 돌아갔을 때 베드로가 말했습니다.

> "주여 영생의 말씀이 주께 있사오니 우리가 누구에게로 가오리이

5천 명이 열두 명으로 줄었습니다. 좁은 문으로 들어가기를 힘써야 합니다. 멸망으로 인도하는 문은 크고 그 길이 넓어 그리로 들어가는 자가 많고 생명으로 인도하는 문은 좁고 길이 협착하여 찾는 자가 적기 때문입니다. 그렇다고 남은 열두 명이 온전히 믿은 것은 아닙니다. 가룟 유다는 본질적으로 사탄이었습니다. 예수님도 제자들에게 열둘 중의 하나는 사탄이라고 하셨습니다. 비록 당시에 가룟 유다는 예수님의 곁을 떠나지 않았지만, 그의 마음은 이미 예수님을 떠났고 결국 어둠의 때에 예수님을 은 30냥에 팔아넘겼습니다. 열한 명만 남은 셈입니다.

5천 명으로 시작된 예수님의 추종자가 진리의 말씀 선포 이후에 열두 명, 아니, 열한 명으로 줄었습니다. 예수님은 군중의 숫자에 연연하지 않으시고 하나님이 원하시는 방향으로 사람들을 데려가려 하셨습니다. 그래서 군중이 요구하는 방향은 피하셨습니다. 하지만 예수님께서 그들을 초대했을 때는 그들이 예수님을 떠났습니다. 주변 상황 때문에 따르는 사람은 고난이 올 때, 죽음이 올 때 예수님을 따를 수 없습니다.

그러나 주님의 손에 붙잡히는 것이 제일 행복합니다. 그 말씀이 무엇이든 하나님의 말씀이라면 아멘으로 화답할 믿음이 필요합니다. "너희도 가려느냐" "주여 영생의 말씀이 주께 있사오니 우리가 누구에게로 가오리이까"68절 베드로는 예수님의 말씀에 자신의 고백을 그대로 반영

하였습니다. 떡도 먹었지만 이어서 영생의 말씀도 먹겠다는 것입니다. "우리가 주는 하나님의 거룩하신 자이신 줄 믿고 알았사옵나이다"69절 주님과 영원히 함께함이 가장 큰 축복입니다.

> 믿음 흔들리고 사람들 주를 떠나도 나는 주를 섬기리. 주님의 나라는 영원히 쇠하지 않네. 나는 주를 신뢰해. 오직 믿음으로 믿음으로 내가 살리라. 오직 믿음으로 믿음으로 내가 살리라.
>
> – 복음성가 〈세상 흔들리고〉의 가사 일부

Chapter 11 말씀 나누기

❶ 오병이어의 이적은 이스라엘이 광야에서 경험한 만나와 어떤 점
  에서 비슷합니까? 요 6:31

❷ 무리는 왜 예수님을 찾아다녔습니까? 요 6:26

❸ 제자들은 왜 예수님의 말씀이 어렵다고 했습니까? 요 6:60

❹ 예수님의 질문에 베드로는 무엇이라고 대답했습니까? 요 6:68–69

Chapter 11 은혜 나누기

❶ 내 기도의 첫 번째 제목은 무엇인지 이야기해 봅시다.

❷ 1번 문항의 기도 제목이 육적인 필요인지 영적인 필요인지 구별하
  여 봅시다.

❸ 베드로의 고백을 나의 고백으로 드리며 함께 기도합시다.

chapter 12

—

세상에 마음을 빼앗기고 살아갈 때, 예수님이 묻습니다
"너희 생명이 무엇이냐?"

야고보서 4:13-17

오이디푸스 콤플렉스oedipus complex로 유명한 오이디푸스는 그리스 신화의 인물입니다. 그는 방랑길에 올랐다가 테베라는 도시 왕국에 큰 환난이 생겼다는 이야기를 들었습니다. 스핑크스라는 괴물이 나타나 사람들에게 질문을 던지고 못 풀면 잡아먹었습니다. 그 괴물이 내는 질문은 이와 같았습니다. "아침에는 네 다리로 걷고, 점심에는 두 다리로 걷고, 저녁에는 세 다리로 걷는 것이 무엇이냐?" 방랑 중에 있던 오이디푸스는 이 질문의 정답을 말해 스핑크스를 쫓아내고 테베의 왕이 되었습니다. 그 정답은 '사람'이었습니다.

이 신화가 가르치고자 하는 내용은 인간의 유한성과 연약성입니다. 세상에 처음 태어났을 때 인간은 아무 힘이 없어 두 발과 두 팔로 엉금엉금 기어야 합니다. 보잘것없고 남에게 도움을 받아야 하는 존재입니다. 그러나 어느 정도 자라면 스스로 두 발로 걷게 됩니다. 자기가 가고 싶은 곳에 자유롭게 가고, 하고 싶은 일을 합니다. 많은 것을 성취하기도 합니다. 그러나 곧바로 황혼이 닥치고, 그때에는 스스로의 힘으로 설 수 없어 지팡이를 의지하여 세 발로 서야 합니다.

예외는 없습니다. 이것을 깨달은 자는 겸손합니다. 이전의 미약함과 도움의 손길을 기억하고 겸손해집니다. 스핑크스가 질문에 답하지 못한 사람을 죽인 이유는 인간이 지닌 연약함과 유한함의 본질을 깨닫고 살아가지 못하는 인생은 생명을 낭비하는 것이기 때문입니다.

:: 유한한 인간의 삶

오늘 본문은 우리에게 "너의 생명이 무엇이냐?"라고 묻습니다. 참 막연한 질문 같습니다. 만일 구체적으로 "네 인생의 목적이 무엇이냐?"라고 묻는다면 무엇이라고 대답하겠습니까? 돈, 권력, 명예, 쾌락, 행복, 자녀라고 대답하겠습니까? 그것들은 도구이지 본질은 아닙니다.

우리는 자신의 정체성에 대한 물음을 주변 것들로 돌립니다. '존재에 대한 질문'을 '소유에 대한 질문'으로 바꾸어 대답합니다. 본문은 질문에 대한 힌트를 주고 있습니다. "너희는 잠깐 보이다가 없어지는 안개니라" 인간의 연약성과 유한성을 말해 주는 표현입니다. 다른 성경 말씀에도 인생을 이와 비슷하게 표현하고 있습니다.

"내 날이 연기 같이 소멸하며 내 뼈가 숯 같이 탔음이니이다"

시편 102:3

"내 날이 기울어지는 그림자 같고 내가 풀의 시들어짐 같으니이다" 시편 102:11

"강한 자는 삼오라기 같고 그의 행위는 불티 같아서 함께 탈 것이나 끌 사람이 없으리라" 이사야 1:31

이사야 선지자는 우리의 인생을 풀에, 인생의 영광을 풀의 꽃에 비유했습니다.

"모든 육체는 풀이요 그의 모든 아름다움은 들의 꽃과 같으니 풀은 마르고 꽃이 시듦은 여호와의 기운이 그 위에 붊이라 이 백성은 실로 풀이로다 풀은 마르고 꽃은 시드나 우리 하나님의 말씀은 영원히 서리라 하라" 이사야 40:6-8

이처럼 우리의 인생은 연약하고, 우리가 추구하는 영광은 한시적입니다. 세상에 있는 것들은 우리의 진정한 소망이 되지 못합니다. 지혜로운 사람은 '육체의 연약함과 세상의 영광이 부질없음'을 아는 사람입니다. 진정한 소망을 가진 사람은 영원한 말씀에 소망을 두고 사는 사람입니다.

왕이 총애하던 신하가 반역으로 사형판결을 받게 되었습니다. 그래도 왕은 옛정을 생각해 사형 집행 방법만은 본인이 직접 선택할 수 있도록 해주었습니다. 사형수는 곰곰이 자신이 죽는 것을 생각해 보았습니다. 교수형? 목을 매고 죽는다고 생각하니 혀가 나오고, 눈이 튀어나오고 발버둥치며 죽어 가는 것이 너무 끔찍합니다. 단두형? 단두대에서 시퍼런 칼이 위에서 떨어져 목을 자른다고 생각하니 소름이 끼칩니다. 독살형? 독을 마시는 순간 내장이 뒤틀리며 피를 토하고 고통스럽게 죽는다고 생각하니 현기증이 납니다. 생각 끝에 마침내 죄수가 왕에게 나아가 요청했습니다. "임금님, 아무래도 늙어 죽는 방법이 제일 낫겠습니다."

이것은 일종의 자연사형입니다. 사실 우리 모두 다 사형 선고를 받았습니다. 다만 집행 날짜를 기다리고 있을 뿐입니다. 언제, 어디서, 어떻게 죽을지 모를 뿐 죽는다는 것은 확실합니다. 레오나르도 다빈치는 "나는 사는 법을 배우고 있다고 생각했으나 실은 죽는 법을 배우고 있었다."라고 말했습니다. 모세는 시편 90편에서 우리의 인생이 유한하다는 것을 알면 지혜를 얻게 된다고 했습니다.

"우리에게 우리 날 계수함을 가르치사 지혜로운 마음을 얻게 하소서" 시편 90:12

:: 잘못된 삶의 방향

"너희 생명이 무엇이냐?" 야고보의 이 질문은 우리에게 인간의 연약성을 상기시킬 뿐만 아니라 우리의 짧은 인생을 보람 있고 가치 있는 곳에 투자해야 한다고 말해 줍니다. 정신의학자 빅터 플랭클Viktor Frankl 박사는 심리적 고통 때문에 상담하러 온 사람들에게 "그렇게 고통스럽다면 왜 자살하지 않습니까?"라고 물었습니다. 자살을 부추기기 위해서가 아니라 살아야 할 이유를 알려 주기 위해서입니다. 그들은 자식을 너무나 사랑해서, 재능을 발휘해 보지 못한 것이 억울해서, 아련한 추억이나 막연한 기대 때문에 죽지 못한다고 대답합니다. 바로 그 대답이 살아야 할 이유입니다.

'왜 사느냐?'는 질문이나 '왜 죽지 않느냐?'는 질문이나 답은 매한가지입니다. 이 대답들을 토대로 삶의 의미를 찾아내는 것이 바로 '의미요법'logotherapy입니다. 삶의 이유를 아는 사람은 어떤 고난도 이겨낼 수 있습니다. 야고보가 이런 도전적인 질문을 하는 것 역시 기독교인으로 하여금 삶의 의미를 바로 잡고 살게 하기 위해서입니다.

유한한 것 대신에 무한한 것, 지상적인 것 대신에 영원한 것을 추구하면서 살라는 도전이기도 합니다. 당신은 장차 무엇을 남기고 떠나겠습니까? 당신이 인생에서 이루려고 애쓰는 것이 무엇입니까? 당신이 영원을 염두에 두고 오늘 하는 것이 무엇입니까? 인생의 본질을 아는 지혜로운 사람은 삶의 방향을 잘 설정합니다.

본문에는 "우리의 생명이 무엇이냐?"는 질문과 연관해 세 가지 잘못 악이 나옵니다. 이것들은 인생 경영을 실패로 인도합니다. 이것들이 무엇인지 살펴보고 올바른 신앙 자세를 정립합시다.

❶ 하나님 없는 계획

인생 경영의 실패자는 하나님 없이 계획을 세웁니다. 하나님은 안중에도 없고 오직 세상적 이익에만 골몰합니다.

> "오늘이나 내일이나 우리가 어떤 도시에 가서 거기서 일 년을 머물며 장사하여 이익을 보리라 하는 자들아" 야고보서 4:13

그들은 시간과 장소, 사업, 성공에 대해서 말합니다. 마치 자신이 인생의 주관자인 것처럼, 자기 뜻대로 모든 것을 할 수 있는 것처럼 말합니다. 이는 자신에 대한 과신입니다. 유한한 인간이 하나님의 허락 없이 자기 뜻대로 할 수 있다고 생각하고 계획하는 것은 어리석은 짓입니다. 오히려 야고보는 이렇게 말해야 한다고 교정해 줍니다. "주의 뜻이면 우리가 살기도 하고 이것이나 저것을 하리라"

1912년 4월 14일 영국 사우샘프턴 항에서 뉴욕으로 출발하던 타이타닉호는 "하나님마저도 이 배만은 침몰시키지 못할 것이다."는 말을 들었습니다. 하루 일찍 뉴욕에 도착하기 위해 전속력으로 항해하던 배는 빙산과 충돌하여, 2천 208명 중 1천 503명이 사망하는 대참사가 일어났습니다. 인간의 과신이 부른 재앙이었습니다.

흔히 하나님의 주권을 인정하지 않고 자만심에 빠진 자들은 자신의 유익과 물질적 풍요만을 추구합니다. 성경 속 대표적인 사례가 어리석은 부자 이야기입니다눅 12:16-21. 그는 열심히 살았습니다. 농사도 잘되어서 풍작을 거두게 되었습니다. 그래서 그는 행복한 고민에 빠졌습니다.

> "내가 곡식 쌓아 둘 곳이 없으니 어찌할까 하고 또 이르되 내가 이렇게 하리라 내 곳간을 헐고 더 크게 짓고 내 모든 곡식과 물건을 거기 쌓아 두리라 또 내가 내 영혼에게 이르되 영혼아 여러 해 쓸 물건을 많이 쌓아 두었으니 평안히 쉬고 먹고 마시고 즐거워하자 하리라 하되" 누가복음 12:17-19

세상의 관점에서 보면 이 사람은 부지런하고 준비성이 있으며, 지혜롭고 성공해서 사람들의 부러움을 사는 인물입니다. 그러나 하나님은 그를 "어리석은 자여!"라고 평가하십니다. 왜 그렇습니까? 곡식을 위해서는 곳간을 준비했지만 자기 영혼이 들어갈 천국을 준비하지 못했기 때문입니다. 세상의 물질이 자기의 영혼까지 쉽게 해줄 것으로 착각했기 때문입니다. 육신의 필요와 영혼의 필요를 혼돈했기 때문입니다. 물질로 영혼을 달래려고 했기 때문입니다. 내일 죽을 것을 알지 못했기 때문입니다. 자기의 영혼을 팔아 세상의 물질을 샀기 때문입니다.

곡물이 많아지자 그의 생각은 '내가' '내 곳간' '내 곡식' '내 물건' '내 영혼' 등 온통 자기중심으로 흐릅니다. '자기를 위해서는 재물을 쌓았지만 하나님께 대하여 부요하지 못한 자'가 되어 버린 것입니다. 그런 그에게 하나님이 내리신 청천벽력 같은 말씀은 "오늘 밤에 네 영혼을 도로 찾으리니 그러면 네 준비한 것이 누구의 것이 되겠느냐? 네 준비한 것이 뉘 것이 되겠느냐?"입니다.

하나님은 뒷전에 두고 세상의 재물을 쌓은 자는 자신의 영혼을 해롭게 하는 자입니다. 예수님은 산상수훈에서 재물을 쌓으려거든 땅이 아니라 하늘에 쌓으라고 말씀하셨습니다. "오직 너희를 위하여 보물을 하늘에 쌓아 두라"마 6:20 우리는 죽어서 하늘나라에 갈 때 물질을 가지고 갈 수는 없지만, 살아 있는 동안 먼저 보내는 방법은 있습니다. 바로 하나님 나라를 위해 쓰는 것입니다. 땅에 쌓은 보물은 영원하지 않지만 하늘에 쌓은 보물은 영원합니다. 땅에 보물을 쌓는 것은 잘못하는 정도가 아니라 매우 어리석은 일입니다. 반면 하늘에 보물을 쌓는 것은 옳은 정도가 아니라 매우 지혜로운 일입니다.

땅에 보물을 쌓아 두면 시간이 지날수록 점점 보물에서 멀어지게 됩니다. 그러나 하늘에 보물을 쌓아 두면 죽음에 다가갈수록 보물을 향해 나아가게 됩니다. 자신이 쌓은 보물에서 멀어지는 삶은 절망적이고, 자신이 쌓은 보물에 가까이 나아가는 삶은 희망적입니다. 당신은 보물에서 멀어지는 삶을 살고 있습니까, 아니면 보물을 향해 가는 삶을 살고 있습니까? 하늘에 쌓인 재물은 곧 하나님을 소망하는 일입니다.

"네가 이 세대에서 부한 자들을 명하여 마음을 높이지 말고 정함이 없는 재물에 소망을 두지 말고 오직 우리에게 모든 것을 후히 주사 누리게 하시는 하나님께 두며" 디모데전서 6:17

우리 소망의 대상은 재물이 아니라 하나님이어야 합니다. 우리의 안전은 많은 물질에 있는 것이 아니라 하나님에 대한 믿음에 있습니다. 삶은 소유에서 존재로 진행하는 것입니다. 청년기와 중년기의 탐욕에서 벗어나 온갖 종류의 포기와 상실을 거쳐서, 일과 성취한 것, 소유물에서 자신의 정체성을 찾을 것이 아니라, 자신 안에서 참된 정체성을 찾는 단계로 나가는 것입니다. 결국 하나님의 부르심 안에서 참된 정체성을 발견하게 되면 건강과 지식, 물질, 명예, 권력을 상실해도 마음에는 평화와 소망, 사랑을 품게 됩니다.

하나님 없는 삶의 계획은 모래 위에 지은 집과 같습니다. 결코 이루어질 수 없습니다. 그뿐만 아니라 하나님을 지향하지 않는 인생 계획도 결국은 썩어질 것만 얻게 될 뿐입니다. 우리 생명은 하나님에게서 왔고 하나님을 지향해야 합니다.

❷ 허탄한 자랑

두 번째 허물은 그들이 허탄한 자랑을 한다는 것입니다. 무엇을 자랑하느냐가 그 사람의 됨됨이를 드러냅니다. 허탄한 자랑도 있고, 참된 자랑도 있습니다.

"이제도 너희가 허탄한 자랑을 하니 그러한 자랑은 다 악한 것이
라" 야고보서 4:16

그들이 말하는 것은 아직 결과를 알 수 없는 계획일 뿐입니다. 그러
나 그들은 마치 자신들의 마음속에 품고 있는 것이 다 성취된 것인 양
자랑하고 있습니다. 그래서 허탄한 자랑입니다.

"너는 내일 일을 자랑하지 말라 하루 동안에 무슨 일이 일어날는
지 네가 알 수 없음이니라" 잠언 27:1

인간의 자랑이 허탄한 이유는 그들이 자랑하는 모든 것이 결국은 썩
어 없어질 세상의 것들이기 때문입니다.

"이 세상이나 세상에 있는 것들을 사랑하지 말라 누구든지 세상을
사랑하면 아버지의 사랑이 그 안에 있지 아니하니 이는 세상에 있는
모든 것이 육신의 정욕과 안목의 정욕과 이생의 자랑이니 다 아버지
께로부터 온 것이 아니요 세상으로부터 온 것이라 이 세상도, 그 정
욕도 지나가되 오직 하나님의 뜻을 행하는 자는 영원히 거하느니라"
요한일서 2:15-17

세상의 것은 다 소멸합니다. 세상의 사치, 허영, 명예 다 지나갑니다. 이생의 자랑은 하나님 나라까지 갈 수가 없습니다.

바울도 기독교인이 되기 전에는 자랑할 것이 많았습니다. 바울은 태어난 지 8일 만에 할례를 받았고 이스라엘 족속이요 베냐민 지파요 히브리인 중의 히브리인이요 율법으로는 바리새인이었습니다. 그러나 이 모든 자랑거리가 예수 그리스도를 아는 지식을 얻는 데 방해가 되었습니다. 그는 예수님을 믿은 후 그 모든 자랑거리를 배설물처럼 여겼습니다.

대신 참된 자랑거리가 생겼습니다. 바로 십자가에 못 박혀 돌아가신 예수님이었습니다. 그리스도의 고난에 동참하는 십자가였습니다. 그리스도의 능력이 머물 수밖에 없는 자신의 연약함이었습니다. 그가 전도한 성도들이었습니다. 이것이야말로 기독교의 진정한 자랑거리입니다. 결국 우리는 성품으로 기억되고 하나님을 위해 한 일로 기억될 것입니다.

우리의 진정한 자랑은 이 세상의 것이 아니라 다른 세상의 것이어야 합니다. C. S. 루이스는 『순전한 기독교』에서 다음과 같이 말합니다. "만일 내가 내 안에서 이 세상의 어떤 경험으로도 만족할 수 없는 갈망이 있음을 발견한다면, 내가 다른 세상을 위해 지음을 받았기 때문에 그렇다는 것이 아마도 제일 좋은 설명일 것이다."

우리는 천국을 갈망하는 마음을 다른 것들로 채울 수 있다고 오해합니다. 재물과 정욕, 향락, 명예, 권력, 학벌, 여행 등을 자랑하지만 실상 이런 것들은 우리 마음의 공간을 채울 수 없습니다. 이것들은 유한해서 영원하신 하나님의 자리를 결코 대신할 수 없습니다.

『레미제라블』의 작가 빅토르 위고Victor Hugo는 자신의 작품을 회고하며 천국에서 할 일을 다음과 같이 말했습니다. "나는 내 안에서 미래의 삶을 느낀다. 나는 완전히 벌목 당한 숲과 같다. 새로운 싹들은 더 강하고 더 밝다. 나는 내 삶의 종착지에 다다를수록 더 분명하게 천국을 향해 올라가며, 나를 부르는 세계 불멸의 오케스트라는 점점 더 분명하게 들려온다. 반세기 동안 나는 역사, 드라마, 철학, 로맨스, 전통, 풍자, 송가와 노래 같은 생각들을 산문과 문장으로 옮겨 왔다. 나는 이 모든 것을 시도해 보았다. 그러나 내 안에 있는 것의 천 분의 일도 다 쏟아 내지 못한 느낌이다. 나도 무덤으로 내려갈 때 다른 사람들처럼 '내 날의 일은 끝났다.'고 말할 수 있다. 그러나 '내 인생은 끝났다.'고 말할 수는 없다. 내 일은 다음 날 아침 새롭게 시작될 것이다. 무덤은 막다른 골목이 아니라 통로이다. 그 통로는 황혼 때 닫히지만 새벽 미명에 다시 열린다."

❸ 행함 없는 선에 대한 지식

세 번째로 그들의 허물은 영적인 진리를 알고서 아무런 일도 하지 않았다는 것입니다. 야고보 사도가 그들의 자만과 교만에 대하여 일갈하면 그들은 틀림없이 이렇게 대꾸할 것입니다. "우리도 다 알고 있습니다. 하나님께서 이 세상을 주관하시고 그분의 뜻이 없이는 일이 성취되지 않는다는 것을 말입니다. 우리가 그분에 의해 지음 받았고 그분의 영광을 위해서 살아가는 것도 다 알고 있습니다. 우리의 인생이 안개와 같이 짧다는 것도 다 알고 있습니다. 그러니 새삼스레 우리에게 설교하지 마세요." 그러면서도 그들은 새롭게 살려고 결단하지 않습니다. 그들은 자신들이 다 알고 있다고, 그 진리대로 살아간다고 착각하고 있습니다. 지식이 삶을 대신할 수는 없습니다.

영적 지식대로 살지 않는다면 그들의 지식은 쓸모없는 것일 뿐입니다. 게다가 하나님께 커다란 죄를 지속해서 짓는 것과 같습니다.

"그러므로 사람이 선을 행할 줄 알고도 행하지 아니하면 죄니라"

야고보서 4:17

하나님 없이 일에 바쁜 것도 죄이지만, 진리를 알면서도 진리대로 행하지 않는 것도 죄입니다. 이는 태만입니다.

때때로 우리는, 죄가 율법을 어기고 사악한 일을 행하는 것에만 해당한다고 생각합니다. 그러나 진리를 알면서도 진리대로 살지 않는 것 역시 커다란 죄가 된다는 것을 명심하고 또 명심해야 합니다. 물이 흘러내려 올 때 가만히 있던 배가 하류로 떠내려가듯, 지옥은 가만히 있어도 가게 됩니다. 이는 '작위의 죄'와 대비하여 '무작위의 죄'라고 할 수 있습니다. 홍종명은 〈무엇인가를 하지 않음으로서 폭력〉이라는 시에서 이렇게 외칩니다.

만약 자신의 이웃을 사랑하지 않는다면, 그것은 폭력입니다.

만약 길 잃은 아이에게 길을 가르쳐 주지 않는다면, 그것은 폭력입니다.

만약 목마른 아이에게 물 한 컵을 주지 않는다면, 그것은 폭력입니다.

만약 배고픈 이에게 아무것도 주지 않는다면, 그것은 폭력입니다.

만약 다른 이의 인격을 훼손한다면, 그것은 폭력입니다.

우리는 말과 지식이 아니라, 행동과 삶으로 답해야 합니다. 행함이 없는 선에 대한 지식은 교만과 완악함을 부르고 결국 위선자를 만듭니다. 아예 모르는 것만도 못합니다. 비록 하나님의 뜻이 선하다고 해도, 그 선한 말씀을 받은 후에 행치 않으면 죄가 됩니다. 전도가 그렇습니다. 사명을 감당하는 것이 그렇습니다. 달란트 비유가 이를 잘 설명해 줍니다.

주인이 먼 나라로 가면서 세 종을 불러 각자의 능력대로 다섯 달란트, 두 달란트, 한 달란트를 맡겼습니다. 다섯 달란트와 두 달란트를 받은 종은 즉시 가서 장사하여 원금과 같은 이윤을 얻었습니다. 그러나 한 달란트 받은 자는 그 돈을 땅에 묻어 두었습니다. 결국 주인은 한 달란트 받은 자를 '악하고 게으른 종'이라고 평가했습니다. 그는 무익한 종이었고 바깥 어두운데 쫓겨나 이를 갈게 될 것이라고 했습니다.

우리는 죽어서 우리가 행한 선한 일로만 기억됩니다. 자신을 위해 행한 일이 아니라 다른 사람을 위해 한 일로 기억됩니다. 이 세상만이 아니라 영원을 위해 살았던 일로 기억됩니다. 사람은 죽었으나 그들의 행위로 여전히 사는 것입니다. 야고보 공동체의 사람들은 진리를 알면서도 제대로 실천하지 않는, 관념적인 신앙을 지닌 자들이었습니다.

:: 그렇다면 삶에 대한 바른 응답은 무엇입니까?

앞에서 야고보가 꾸짖은 세 가지 잘못된 태도를 보았습니다. 그들은 하나님 없이 계획했고, 허탄한 자랑을 했고, 행함 없는 지식을 지니고 있었습니다. 이 모든 것이 죄입니다. 과신, 교만, 태만의 죄입니다. 그렇다면 우리는 어떻게 살아야 할까요?

❶ 살아 있는 동안 생명의 공급자, 창조자 하나님을 기억해야 합니다.

"흙은 여전히 땅으로 돌아가고 영은 그것을 주신 하나님께로 돌아 가기 전에 기억하라" 전도서 12:7

우리는 전도서의 기자 솔로몬처럼 물질과 권력, 지식, 향락, 명예가 허무한 것을 잘 알고 있습니다. 그것에 대한 모든 자랑이 허탄하다는 것도 잘 알고 있습니다. 우리는 인간의 존재가 얼마나 무상한지 잘 알지만 그렇다고 비관하지 않습니다. 오히려 하나님 나라를 더욱 소망합니다.

❷ 우리의 세월이 주님의 손에 있음을 고백해야 합니다. 우리의 삶은 하나님께 받은 선물입니다. 우리의 삶은 하나님이 주신 기회입니다. 현재present는 하나님이 주신 선물present입니다. 톨스토이의 『세 가지 질문』이라는 단편에는 왕의 세 가지 질문에 답하는 한 성자의 이야기가 나옵니다. "이 세상에서 제일 중요한 때는 언제냐?" 답은 현재입니다. "이 세상에서 제일 중요한 사람은 누구냐?" 답은 지금 만나는 사람입니다. "이 세상에서 제일 중요한 일은 무엇이냐?" 답은 지금 내 옆에 있는 사람에게 선을 행하는 것입니다.

현재에 온 힘을 다하는 것이 아름다운 과거와 영광스런 미래를 만듭니다. 현재는 미래의 희망이 이미 현실로 들어와 창조된 시간입니다. 지금이 일할 기회, 충성할 기회, 감사할 기회입니다. 그러므로 "주의 뜻이면 우리가 살기도 하고 이것이나 저것을 하리라"약 4:15는 고백이 나와야 합니다.

❸ 하나님의 뜻을 이루어 가는 삶이 최고입니다. 하나님이 함께하시는 계획을 세우는 것입니다. 하나님이 원하시는 삶을 이어 가는 것입니다. 하나님이 설계하신 대로 살아야 합니다. 하나님의 계획을 변경하면 사고와 장애가 발생할 것입니다. 바울도 그의 서신에서 '주께서 허락하시면' 이라는 표현을 자주 사용했습니다.

"그런즉 너희가 어떻게 행할지를 자세히 주의하여 지혜 없는 자 같이 하지 말고 오직 지혜 있는 자 같이 하여 세월을 아끼라 때가 악

하니라 그러므로 어리석은 자가 되지 말고 오직 주의 뜻이 무엇인가 이해하라" 에베소서 5:15-17

❹ '의미'에서 '초의미'super-meaning로 나아가는 삶입니다. 소유에서 존재로 나아가는 삶입니다. 인생에서 일어나는 모든 일이 합리적으로 이해되는 것은 아닙니다. 시련과 환난이 시시때때로 우리를 당혹스럽게 합니다. 그럴 때는 그 일이 하나님께 어떤 의미가 있는지 상정해야 합니다.

실존주의 철학자들처럼 '구토 나는 삶의 무의미'를 그냥 견디는 것이 아니라, 하나님께는 의미가 있을 것이라는 초의미를 믿어야 합니다. 하나님의 선하심을 믿고 전적으로 내어 맡겨야 합니다. 초의미를 인정하면 "우리가 알거니와 하나님을 사랑하는 자 곧 그의 뜻대로 부르심을 입은 자들에게는 모든 것이 합력하여 선을 이루느니라" 롬 8:28는 말씀을 이해하게 될 것입니다.

신약의 지혜서인 야고보서는 묻습니다. "너희 생명이 무엇이냐?" 우리 생명은 하나님께로부터 왔습니다. 우리 생명은 하나님의 뜻대로 사명을 감당하는 것입니다. 이것이 지혜로운 삶입니다. 우리는 안개일 뿐입니다. 뜨거운 태양이 뜨면 곧 흩어질, 실체 없는 안개입니다. 세상의 영광도 풀의 꽃처럼 잠시 후 시들고 말 것입니다. 이 진리를 깨달으면 우리는 인생을 허비하지 않게 됩니다. 세세만년 살 것처럼 방탕하게 살지 않고 정숙하고 질서 있으며 목적이 이끄는 삶을 영위하게 됩니다.

주어진 시간을 선용하여 영원한 천국의 삶을 더욱 풍요롭게 할 것입니다.

"너희는 이 세대를 본받지 말고 오직 마음을 새롭게 함으로 변화를 받아 하나님의 선하시고 기뻐하시고 온전하신 뜻이 무엇인지 분별하도록 하라" 로마서 12:2

Chapter 12 말씀 나누기

❶ 본문에서 인생을 무엇이라고 말하고 있습니까?14절

❷ 어리석은 계획은 무엇입니까?13–15절

❸ '허탄한 자랑'은 무엇입니까?16절

❹ 지혜로운 사람은 어떻게 인생을 삽니까?15절

Chapter 12 은혜 나누기

❶ 하나님을 믿기 전 내 인생에서 가장 소중했던 것이 무엇인지 이야
기해 봅시다.

❷ 하나님을 믿은 후 내 인생의 의미가 어떻게 바뀌었는지 나누어 봅
시다.

❸ 앞으로 내 인생의 목표가 무엇인지기도 제목 나누고 함께 기도합
시다.

예수님의
위대한 질문

하비 콕스 저, 오강남 역, 『예수 하버드에 오다』, 문예출판사, 2004.

C. S. 루이스 저, 장경철 역, 『순전한 기독교』, 홍성사, 2005.

요한 볼프강 폰 괴테 저, 정서웅 역, 『파우스트』, 민음사, 1999.

레프 니콜라예비치 톨스토이 저, 박형규 역, 『사람은 무엇으로 사는가』, 푸른숲, 2009.

레프 니콜라예비치 톨스토이 저, 장한 역, 『세 가지 질문』, 바움, 2002.

유진 피터슨 저, 양혜원 역, 『이 책을 먹으라』, IVP, 2006.

한기채 저, 『삶을 변혁시키는 책 읽기』, 두란노, 2011.

전광 저, 『평생감사』, 생명의말씀사, 2007.

루 월리스 저, 최종수 역, 『벤허』, 크리스챤다이제스트, 2001.

파커 팔머 저, 이종태 역, 『가르침과 배움의 영성』, IVP, 2000.

이지선 저, 『지선아 사랑해』, 문학동네, 2010.

예수님의
위대한 질문

The Great Question of Jesus

231

예수님의 위대한 질문

초판 1쇄 발행   2012년 11월 1일
초판 4쇄 발행   2018년 10월 18일

지은이   한기채
펴낸곳   교회성장연구소
발행인   이영훈
편집인   김형근
편집장   노인영
기획 · 편집   조진원, 강민영
디자인   남금주

등 록   제12-177호
주 소   서울시 영등포구 여의공원로 101 CCMM B/D 703B호
전 화   02-2036-7928
팩 스   02-2036-7910
쇼핑몰   www.icgbooks.net
홈페이지   www.pastor21.net
페이스북   www.facebook.com/pastor21

ISBN 978-89-8304-181-4 03230

"무슨 일을 하든지 마음을 다하여 주께 하듯 하라" (골 3:23) _____
교회성장연구소는 한국 모든 교회가 건강한 교회성장을 이루어 하나님 나라에 영광을 돌리는 일꾼
으로 성장하는 것을 목표로, 목회자의 사역은 물론 성도들의 영적 성장을 도울 수 있는 필독서들을
출간하고 있다. 주를 섬기는 사명감을 바탕으로 모든 사역의 시작과 끝을 기도로 임하며 사람 중심
이 아닌 하나님 중심으로 경영한다. "무슨 일을 하든지 마음을 다하여 주께 하듯 하라" 는 말씀을
늘 마음에 새겨 하나님이 주신 사명을 기쁨으로 감당한다.